THE SCIENCE BEHIND
WHY KIND PEOPLE ARE
MORE SUCCESSFUL

HIDEKI WADA

なぜか人生《じんせい》がうまくいく
「優《やさ》しい人《ひと》」の科《か》学《がく》

和《わ》田《だ》秀《ひで》樹《き》
Hideki Wada

CROSSMEDIA PUBLISHING

はじめに

優しい人になりたいのに、人に優しくできないのはなぜ？

あなたは、自分のことを「優しい人」だと思いますか？
こう質問されて、「はい」と即答できる人は、それほど多くないはずです。

ほとんどの人が、「人には優しくありたい」と思っていても、日ごろの言動を冷静に振り返ってみると、意外に優しくない自分に気づくのではないでしょうか。

人に優しくする際には、さまざまな心理や感情が働いています。
相手に対する「思いやり」や「好意」の気持ちだけでなく、「打算」や「自己防衛」といった損得勘定が働いていることもあります。

相手に嫌われたくないと思って、表面的な言葉で取り繕う優しさもあれば、嫌われることを覚悟で進言する優しさもあります。
価値観や考え方が多様化した現代社会では、何が本当の優しさなのか、ハッキリとわからないような状況になっています。

人に優しくするというのは、意外と複雑で、思い通りにいかないものです。

あなたは、どんな人に「優しさ」を感じますか？
その考え方や受け取り方には、年齢や性別によっても個人差がありますが、多くの人が優しいと感じる人には、次のような五つの共通する特徴があります。

①「見返り」を期待しない
②「敬意」を持って人と接している
③相手の気持ちを「想像」できる
④相手によって「態度」を変えない

・他人の幸せを一緒に「喜ぶ」ことができる

本文で詳しくお伝えしますが、人に優しくできる人は、自分に対しても優しいものです。

自分ができないことを、「断る勇気」を持っています。

自分を犠牲にするような優しさが、長続きすることはないことを知っているから、つねに優しい人でいられるのです。

人には優しくされたいと思っていても、人に優しくするのは難しいものです。

この本では、「優しい人」に焦点を当てて、精神科医の視点から、「優しい人になりたいのに、なぜ人は優しくなれないのか？」「優しい人になるには、どうしたらいいのか？」について、詳しくお伝えします。

人に優しくすると、毎日の生活に好循環が生まれる

人に優しくできる人は、例外なくメンタルが安定しています。

仕事が忙しすぎたり、深刻な悩みを抱えていると、自分のことで手一杯になり、周囲に目を向ける余裕がありません。

どこか体調が悪かったり、睡眠不足が続いていると、人に話しかけられるだけで、うんざりすることもあります。

人に優しくできるということは、心身のコンディションが整っていることを意味しています。

精神科医の私が「優しさ」に注目した理由はここにあります。

人に優しくすると、自分の気持ちも良くなることで、脳内にセロトニンやオキシトシン、ドーパミンなどの神経伝達物質が分泌されて、心身にいい影響が生まれること

が科学的に明らかになっていますが、毎日の生活にもさまざまな好循環をもたらしてくれます。

(1)一緒にいて居心地がいい人が集まってくる
(2)周囲の人たちから優しく接してもらえる
(3)周囲の人たちの信頼を得られやすくなる
(4)日々のストレスが軽減される
(5)安定したメンタルで毎日を過ごせる

私たちの生活には、人に優しくなれない要素がたくさんあります。

パワハラやセクハラ意識が高まったことで、上司は部下を満足に叱ることができず、お互いが過剰に気を遣い合って、中途半端にストレスを抱え込むような状況が生まれています。

物価高、上がらない給料、度重なる増税などによって、世の中全体がギスギスとしていますから、どうしても自分のことだけを優先して考えるようになり、周囲の人を慮《おもんぱか》るような精神的なゆとりを見失いがちです。

こんな時代だからこそ、「優しさとは何か？」を考えることで、その意味と意義を改めて見つめ直す必要があると感じています。

人に優しくできれば、人からも優しくしてもらえます。

優しい人に囲まれると、たくさんのいいことがあります。

たくさんのいいことがあると、人生がうまく回り始めます。

人生がうまく回り始めれば、もっと人に優しくすることができます。

この本をお読みいただいて、毎日を明るい気持ちで、機嫌よく、前向きに過ごすためのヒントを見つけてほしいと思います。

２０２４年１月

精神科医　和田秀樹

目次

第2章 心に余裕を持つための考え方

第3章 男性が女性に求める優しさ、女性が男性に求める優しさ

第4章 「人に優しく、自分にも優しい」マインドの持ち方

第5章 自分の周りにいいことが起こる行動習慣

第1章

優しい人は、なぜ人生がうまくいくのか？

人に優しくすると、自分が損すると思っていませんか？

人には優しくありたいと思っていても、そんな気持ちが失せることもあります。

日常的に最も多いのが、

人に親切にしたら、相手の反応が思ったほど良くなかった

……というケースです。

次のような経験は、誰にでもあるのではないでしょうか？

・電車でお年寄りに席を譲ったら、当たり前のような顔をされた

・苦労して頼まれたことをやってあげたのに、相手はあまり喜んでいない
・困っている後輩の仕事を手伝ってあげても、感謝の気持ちが薄い

一度でもこんな思いをすると、後味が悪いだけでなく、相手に対する気遣いを後悔する気持ちが生まれます。

人に優しくできない人の多くは、こうした経験がベースになっていることが少なくありません。

自分が相手に優しくしても、相手は何もしてくれなかったり、「ありがとう」のひと言すらない……というのは、意外によくあることです。

そんなことが続くと、いつの間にか、「人に優しくしても、自分が損するだけだな」と思うようになります。

自分が損をすると思ってしまうと、人が困っていても「見て見ぬふり」をしたり、「気づかぬふり」を装って、そうした場面を避けるようになるのです。

自分が嫌な思いをしないために、できるだけ無関心な態度を取っていると、自分の知らないところで、と言われるようになります。
自分を守るために、面倒なことを避け続けているだけで、周囲の人の目には「あの人は優しくない人だ」と映ってしまうのです。

なぜ、こんな矛盾したことが起こるのでしょうか?

それは自分では意識していなくても、ことに理由があります。

相手のためと思って、何かをしてあげるときには、すごく喜ばれるとか、めちゃくちゃ嬉しそうに「ありがとう」と言われることを、心のどこかで求めています。
場合によっては、「あなたから受けた恩は、一生忘れない」と、のです。

相手が期待通りの反応を見せてくれれば、それだけで満足することができますが、そうならない場合には、釈然としない気持ちになります。

自分が満足できるような見返りが得られないと、「あまり喜んでいないのだから、ムダなことをしたかな」と思い始めて、何となく「損をした」ような気分になってしまうのです。

日本人には、相手の「好意」を勝手に期待するところがあります

こうした受け止め方は、日本人特有のものだと思います。

「ギブ・アンド・テイク」という言葉があるように、欧米人は相手にギフをしなければ、テイクはないという発想をしています。

こちらが何もしていないのに、向こうから何かしてくれることは基本的にはないと思っており、相手に何かしてあげても、必要以上に感謝を求めるような気持ちはありません。

相手にギブをして、何の見返りもなければ、それは自分の見当違いですから、「悪いのは自分」と考えて、相手を恨むようなことはないのです。

日本人には、相手の「好意」に期待してしまうところがあります。

夏の暑い日に人が訪ねてきたら、「今日は暑いですよね」と言いながら、冷たい飲み物をそっと差し出す文化が日本には根づいています。

そうした習慣や考え方が身についているため、日本人には、人に優しくしたら、自分の期待値に見合うだけの反応を相手が見せてくれることを、心のどこかで勝手に求めてしまうところがあります。

相手に悪気がなくても、こちらが期待しているような反応を示してくれないと、何だか裏切られた気分になってしまうのです。

こちらが何も言わなくても、向こうが気を遣ってくれることに慣れていますから、相手に気の利かない対応をされると、「おもてなしの心がない」「優しくない」「嫌なやつだ」と思ってしまいます。

損得勘定といったら少し極端ですが、自分の期待値を上回る反応を相手に求め、それが示されないと「損をした」と思い込んでしまうのです。

無意識に相手からの「見返り」を求めて、それを得られないと勝手に傷つき、相手を悪く思ってしまう……という経験を何度も繰り返していると、自己防衛として、できるだけ人のことに関わらないようになり始めます。

これが人に対する「無関心」を助長させて、「優しい人」を「優しくない人」に変えてしまうのです。

人に優しくすることは、見返りを求めなければ「気分がいい」ものです

人に親切にして、「どうして感謝の気持ちを示さないいんだ」とか、「あの人はなぜ、ありがとうのひと言が言えないんだろう」と腹を立てることは、自分が勝手に見返りを期待して、勝手に裏切られているだけのことですから、相手の反応にすべてを委ねていたのでは、余計なストレスを抱え込むことになります。

こうした「独りよがり」を回避して、自分の感情を安定させるためには、視点を変えて考えてみることが大切です。

年配の方に席を譲って、相手に感謝されなかったり、「ありがとう」の言葉がなかったとしても、「少しだけ人の役に立てたな」とか、「ちょっとだけ、いいことをしたな」など、気分の良さを素直に享受すればいいのです。

大事なポイントは、
相手からの見返りを期待してしまうから、損をした気分になるのです。
ことです。

「見返りを期待しない」→「自分の気分が良くなればいい」というのは、人に食事やお酒をご馳走するときの気分と似ているかもしれません。

私はどちらかというと、人に「奢《おご》る」のが好きなタイプですが、
です。

学生時代の同級生と食事をすることになったとします。

こっちの仕事が上手くいっていて、相手が経済的に苦しい状況にありそうなら、「ここは俺が出すから」という話になります。
それは同級生に対する同情や優越感ではなく、あえて名目をつけるならば「気分代」のようなものです。

相手の懐事情を忖度するというより、その方が自分の気分がいいから、こちらが支払うだけの話です。
一切の見返りを求めない替わりに、勝手に自己満足しているのです。

人に優しくするときには、その気分の良さだけで満足することが大切です。
それだけで「チャラ」と思わないと、どんなに相手のことを思って行動しても、お互いが気まずい思いをします。

「奢ってあげたのだから、せめてこのくらいはやってほしい」と見返りを期待してしまうと、**その通りにならないだけで気分がムカッとします。**

こちらが気分を害していると相手が感じると、「誰もやってくれとは頼んでいない」とか、「自分がいい人だと思いたいのか？」と考え始める人もいます。

見返りを求めると、相手に「恩着せがましい人」と思われてしまうのです。

人に優しくすることを、損得勘定で考えてしまうと、見返りを期待する気持ちが芽生えます。

見返りを求めていると、相手がその期待に応えてくれなかっただけで、相手を恨んだり、敬遠するようになって、気まずい関係になります。

自分の気持ちがいいのだから、「それだけで十分」と考えることができれば、人は自然と優しくなれるものです。

本当に優しい人は、相手を人として尊重して「敬意」を払っています

優しい人に共通する特徴は、「敬意」を持って人と接していることです。

電車でお年寄りに席を譲る場合でも、「長く生きてこられて、足が弱くなったんですね。大変でしょうから、こちらにお座りください」という思いから、相手に敬意を払って行動しています。

相手に同情したり、可哀想に思うから親切にするのではなく、年配者を労《いたわ》る気持ちがあるから、自然に優しくすることができるのです。

相手に敬意を払うというのは、年配者など目上の人をリスペクト（尊敬）することではありません。

年齢に関係なく、人を人として尊重して、気配りをすることです。


本当に優しい人は、相手が年下であったり、子供であっても、人として尊重することをつねに心がけています。

相手の気持ちを想像したり、相手の置かれている状況やコンディションなどを読み取って、「自分だったら、こうしてもらったら嬉しいだろうな」と思うことを、損得勘定を抜きにして、自発的に行動に移しているのです。


相手に対する敬意の例として、私が思い浮かべるのは、１９８１年に公開された映画『泥の河』（小栗康平監督）にまつわるエピソードです。

この作品は、世界中で高い評価を受けた名作映画ですが、今では名監督と呼ばれる小栗康平にとっては初監督作品であり、自主制作されたことでも知られています。

資金不足に悩む小栗監督に救いの手を差し伸べたのは、映画好きで中小企業の社長をしていた木村元保という人です。

木村さんは、まだ監督経験のない小栗康平の熱意と才能を見込んで、当時の金額で5000万円くらいの私財を投じて映画製作を支援したといわれます。

どんなに映画好きであっても、どんなにお金を持っていたとしても、初めての監督作品に大金を投じるのは、相当に勇気のいることですが、木村さんは、「私が死んでもお金は残らないが、映画は残る」という発想をして、資金を出したそうです。

映画のスポンサーというのは、作品がヒットすれば、それに応じた利益を得ることができますが、すでに実績のある監督ではなく、新人監督のデビュー作であれば、そんな損得勘定をしても意味がありません。

映画に対する敬意と、小栗監督に対する敬意の二つが、木村さんの気持ちを突き動かしたのだと思います。

最初から見返りを期待せず、相手に敬意を払いながら、自分のできることを、相手にしてあげる……。

人に対する優しさの本質は、こうした行動にあると考えることが大切です。

「情けは人の為ならず」は、科学的にも正しい考え方

私が好きな言葉の一つに、「情けは人の為ならず」というものがあります。

シンプルに言い換えれば、人に対する情けは、相手のためではなく、巡りめぐって自分のためになる……という意味です。

この言葉は、人に優しくすることの「核心」を教えてくれるものだと思います。

旧5000円札の肖像画で知られる教育者で思想家の新渡戸稲造は、1915年

（大正4年）に著した『一日一言』の中で、次のように記しています。
施せし情けは人の為ならず
おのがこころの慰めと知れ
我れ人にかけし恩は忘れとも
人の恩をば長く忘るな
これを現代語に訳すと、次のようになります。

情けをかけるのは、人のためではない。
ただ自分が満足できれば、それだけでいいと知っておこう。
人にかけた情けは忘れても、
自分がかけられた情けは、ずっと忘れないようにしよう。

要するに、人に優しくすることは、相手のためだけでなく、後で自分にも還ってくるのだから、人に見返りなど求めず、自分が満足するだけにしておこう……ということですから、この考え方に私も同感です。

精神科医として補足するならば、新渡戸稲造の考え方は、単なる人としての教訓ではなく、科学的にも正しい視点だと思います。

人間の心理には、「返報性の法則」と呼ばれる原理があるからです。

返報性の法則とは、相手から優しくされたり、親切にされると、その好意に対して「お返しをしたい」と感じる人間の心理のことです。

友人や同僚にピンチを救ってもらったら、「次は自分が相手を助けてあげたい」と思うのではないでしょうか?

相手に何かしてもらったら、その好意に報いるために、今度は相手にも何かしてあげないと気がすまない……という心理が人間には備わっているのです。

その一方で、返報性の法則には、マイナスの要素もあります。
相手に嫌なことをされた場合には、それに対して「仕返し」をしたい、復讐したいという気持ちが生まれてしまうことです。

周囲の人に優しく接している人と、冷たい態度を取っている人では、人に優しくしている方が、結果的にいいことがある……というのは、こうした人間の心理が働いていることに理由があります。

普段から人に優しくしていると、たくさんの「チャンス」が生まれます

多くの人が、自分の経験知として「優しい人の方がいいことがあるだろう」と知っているでしょうが、「情けは人の為ならず」や「返報性の法則」の意味をきちんと理解しておけば、漠然とした感覚ではなく、合理的に判断できると思います。

人に優しくできる人は、周囲の人から信頼されるため、一緒にいて気持ちのいい人たちが自然に集まってきます。

相手の幸せを喜べる人は、周りの人から慕われるため、親切にしてもらえることが

多くなります。

会社でも同じで、部下の面倒見が良かったり、成長を喜べる上司は、信頼されるだけでなく、部下の成長を促すことにつながります。

部下思いのリーダーがいるチームには、成果を出しやすい環境が生まれますから、打算的にならなくても、結果的には自分のメリットになるのです。

私たちはたくさんの人に囲まれて生活していますから、別に見返りなど求めなくても、日ごろから人に優しくして接していれば、たくさんのチャンスが生まれます。人に対して意地悪をしたり、威張ったり、冷たくしていると、自分の周囲から次々に人が離れていきますが、優しい人や親切な人のところには人が寄ってきます。

チャンスというのは、人によって、もたらされる、ものなのです。

これは精神科医というより、個人的な人生観になりますが、私は人に優しく接したり、できるだけ親切にしよう……と思っています。

毎日、さまざまなことが起こりますから、必ずしも思い通りにいかないこともありますが、基本的には「優しい人」でありたいと考えています。

これまでを振り返ってみても、人に対して偉そうにしたり、冷たい態度を取っている人で、ずっと幸せそうな人には会ったことがありません。

どんなに社会的な地位が高かったり、大金持ちの人でも、偉そうな態度を取ったり、人に対して冷たい人のところには、誰も寄りつこうとしなくなるのです。

高齢者専門の精神科医として、寂しい最期を迎えた年配の方々をたくさん診てきた経験から、自然とそう考えるようになったのだと思います。

私は、たくさんの本を出すことを含めて、数多くの「打席」に立ちたいと思っていますから、できるだけ打席を減らしたくありません。

根底にあるのは、「下手な鉄砲も数撃ちゃ当たる」的な考え方で、どんなことでも、

「やってみなければわからない」と思っています。

こちらから積極的に人との出会いを求めるようなことはしませんが、来るものは拒まず、できる限り穏やかに人と関わりたいと考えているのです。

現在は出版社からの執筆依頼が相次いでいますが、この先はどうなるかわからず、落ち目になることだってあると思います。

すべての依頼を受けることはできませんが、偉そうな態度で断るのではなく、「今はとても忙しくて、お受けできないんです。もう少し暇になれば、その仕事を受けられるかもしれません。そのときに、ぜひやらせてください」みたいな対応を心がけています。

偉そうな断り方をしていたのでは、二度と依頼が来なくなって、自分で打席を減らすことになってしまうのです。

顧客に愛される努力をした
トヨタのセールスマン

損得勘定で人に優しくしても、相手から簡単に「下心」を見抜かれてしまうものですが、中途半端な親切ではなく、相手のことを考えて、心の底から優しく接すると、状況は大きく変わります。

私が「凄いな」と感心したのは、トヨタのセールスマンの「顧客に愛されることを大事にする」という徹底した姿勢です。

年配の方は覚えていると思いますが、現在ほどプライバシーの問題がうるさくなかった時代のトヨタのセールスマンは、「クルマを売ることだけが目的ではなく、お客さんが喜んでくれることを目指す」ことに徹していました。

一般的にクルマのセールスマンがお客さんに連絡をするのは、相当な高級車でも買わない限り、定期点検や車検などの際に限られますが、トヨタのセールスマンは、「クルマが故障した」と連絡を入れると、素早く駆けつけてくれるだけでなく、子供が進学するとお祝いの手紙を送るなど、何かにつけてお客さんに寄り添う姿勢を大切にしていました。

こうなると、自然とクルマを乗り換えるときにはトヨタ車を選ぶことになり、子供が運転免許を取れる年頃になれば、「トヨタにしないと悪いよな」という気持ちにさせられます。

彼らを「凄い」と思ったのは、お客さんが他社のクルマに乗り換えたときです。

普通であれば、それを境に疎遠になるところを、それでも挨拶を欠かさず、「やっぱりアチラのクルマの方が良かったですか?」とか、「こちらが劣っているところがあったら教えてください。必ず会社の上に伝えますから」といって、お客さんとの関係を継続させることです。

こうしたつき合いが続いていくと、次にクルマを買い替える際には、ごく自然にトヨタ車を選択することになるのです。

トヨタのセールスマンが、自社のクルマを売るために営業活動をしていることはわかっていますが、困ったときに助けてくれたり、家族の記念日を一緒に祝ってくれたりすれば、お客さんは、「ここまでやってくれるのだから、買わなければ申し訳ない」という気持ちになります。

一貫してお客さんに寄り添うというセールスマンの姿勢が、トヨタを世界一の自動車メーカーに押し上げた原動力なのです。

「石油王」と呼ばれた出光佐三の経営者としての優しさ

現在の日本では、出来の悪い人に厳しく当たる傾向があり、それがいいことのようにも受け取られる風潮があります。

年功序列や終身雇用が当たり前だった時代から、欧米流の成果主義や実力主義の時代になり、かつては非難の的だった社員に対する「リストラ」が、いつの間にか「仕方のないこと」と受け取られるような世相になっています。

日本の会社にも、「社員に優しい経営者」がいた時代があります。

石油元売り大手「出光興産」を創業した出光佐三《いでみつさぞう》は、その代表格といえます。

「石油王」と呼ばれた出光佐三は、お金や権力のためではなく、「人間尊重主義」と「大家族主義」を掲げて、第二次世界大戦の混乱の中でも、会社を存続させるだけでなく、社員の生活と権利を守り抜きました。

彼が貫いたのは、「四無主義」という画期的で型破りな経営方針です。

・「タイムカード」なし
・「出勤簿」なし
・「クビ」なし
・「定年」なし

出光佐三は、「従業員は家族であり、モノではない。家族に定年はなく、時間を管理する必要もない」と公言して、従業員が数十人のときだけでなく、数千人規模になっても四無主義を貫いたといわれています。

100人の社員を雇ったとしたら、5人くらいは出来の悪い人もいますが、そうした人のクビを切らないことが、全社員の一体感を生み出しました。

出来の悪い社員がいたとしても、簡単にクビを切らなければ、安心して一生懸命に働いてくれる……という信念を貫いたのです。

ものだと思います。

二世経営者が社員に優しくできない理由

政治の世界と同じように、最近は「二世」の経営者が増えています。
ボンボン育ちの二世経営者ほど、コスパ(費用対効果)やタイパ(時間対効果)に厳しいといわれていますが、その割には、労働の対価である給料は意外に上げない傾向があるようです。

仕事の生産性ばかりを気にして、会社が儲かっても、社員の給料をアップしないというのは、あまり健全な考え方とはいえません。

なぜ、二世経営者は社員に優しくないのでしょうか？

その原因は、彼らの多くが経済的に恵まれた環境で育ったため、一般庶民の生活を知らないことにあると思います。

親が普通のサラリーマンだったり、それほど裕福ではない家庭で育った人ならば、給料が上がって喜ぶ両親の姿を見たり、ボーナスが出たから家族全員で焼肉を食べに行くなど、一般庶民のささやかな楽しみを経験しているはずです。

二世経営者にそうした経験が一度でもあれば、「社員の給料を上げた方が消費が増えて、世の中の景気が良くなり、結果的に自分の会社も儲かる」という、ごく当たり前の発想ができるはずです。

彼らには、「会社の外に出たら、社員は消費者になる」というイメージができないのかもしれません。

アメリカの自動車メーカー・フォードを創業したヘンリー・フォードは、見習いの機械工から始めて、会社を起こしたことで知られています。

ライン生産方式によってクルマの大量生産を実現し、一般庶民の間にクルマを普及させたことばかりが注目されていますが、彼の一番の業績は給料を格段にアップさせて、社員や地域、世の中を豊かにしたことです。

クルマの値段を安くするだけでなく、クルマが買える人を増やすことによって、産業構造と社会を変革したから「自動車王」と呼ばれているのです。

会社が持つ技術が向上するから製品が売れるのではなく、人々がお金を持っているから製品が売れるのです。

社員の給料を増やすことが最優先の課題だということを理解していないことが、二世経営者が社員に優しくできない一番の原因のように思います。

昔の日本企業は、会社が社員を大事にするから、社員も会社を大事にすることで成り立っていましたが、現在はそうした考え方が根本的に崩れて、優しさのない会社になっています。

日本企業の国際競争力がすっかり弱くなり、海外企業に勝てなくなってしまったのは、こうしたことも少なからず関係しているのではないでしょうか。

こんな時代だからこそ、上に立つ人が、「優しさとは何か？」について、真剣に考えてほしいと思っています。

人に優しくしていると、科学的にもたくさんの「メリット」があります

人は誰でも、体調や機嫌がいいときの方が優しくなれます。

不安を抱えたり、何かに追い詰められていると、優しい気持ちにはなれません。

風邪を引いたり、寝不足が続いて体調がすぐれないときには、人の気持ちを想像する余裕など、どうやっても持てないものです。

「優しい人でありたい」と思うならば、体調を管理して、メンタルを安定させることが最初の一歩となりますが、人間には不思議なシステムが備わっていることも知って

おく必要があります。

人に優しくすると、セロトニンやオキシトシン、ドーパミンといった脳内ホルモンと呼ばれる神経伝達物質が分泌されやすくなり、たくさんのいい影響が生まれることが医学的にわかっています。

もう少し正確にお伝えすると、「人に優しくしていると、神経伝達物質が分泌される」という説と「神経伝達物質を分泌すると、人に優しくなれる」という二つの説があり、現時点ではどちらが先なのかは明確になっていません。

どちらが先であっても、脳の中にいい流れを作っておけば、自分が幸せな気分になり、さまざまなメリットが享受できますから、

……と考えていいと思います。

三つの神経伝達物質の主な特徴は、次のようになります。

①「セロトニン」（通称：幸せホルモン）

・ポジティブで前向きな気持ちになる
・怒りや焦り、不安などのマイナスな感情を抑える
・メンタルを安定させて、幸福感が得やすくなる
・食べ過ぎを抑制する

②「オキシトシン」（通称・愛情ホルモン）

・ストレスの軽減
・不安や心配の緩和
・脳の疲れを癒す
・気分を安定させる
・人を愛する気分にさせる

③「ドーパミン」（通称：快楽ホルモン）

・多幸感を得られる

・意欲がアップする
・集中力が高まる
・頭がさえる
・ポジティブな気持ちになる
・やる気が湧《わ》く

最近では、セロトニンとオキシトシン、ドーパミンを総称して「3大ハッピーホルモン」などと呼ばれて注目を集めています。

人に優しくすることは、医学的に見ても、あなたの人生にいい影響をもたらしてくれるものなのです。

第1章のまとめ

人に優しくなれない理由

◎優しくしたのに「ありがとう」のひと言もないから
◎あまり喜んでいないのだから、ムダなことをしたと思ってしまうから
◎不安を抱えるなど、気持ちに余裕がないから

「人生がうまくいく優しい人」とは?

◎見返りを期待しない人
◎敬意を持って人と接している人
◎チャンスは「人」によってもたらされるものと知っている人

心に余裕を持つための考え方

第2章

自分の心の中にある「歪み」の存在を知る

現在の日本は、長引く不況や経済格差の拡大などによって、社会全体がギスギスしている状態にあります。

「自分が生活するだけで手一杯」という人が増えたことで、周囲の人たちに気を配る自分の精神的な余裕がどんどん失われているように感じます。

私が最も関心を寄せているのは、不景気が長く続いたことによって、格差社会の「歪《ひず》み」が急速に広がっていることです。

その象徴といえるのが、「生活保護バッシング」や「精神障害者差別」など、いわゆる社会的弱者に対する「理由なき攻撃」です。

大地震や集中豪雨の被害者には深く同情できる人たちが、生活保護を受けている人や、精神障害がある人には、厳しい批判の目を向けているのです。

こうした現象の背景には、無記名、無責任に自分の意見を発信できるＳＮＳの普及が大きく関係していますが、精神科医としては、「なぜ、人はこんな行動をしてしまうのか？」という心の問題に注目しています。

優しい人であるためには、**自分の心の中にある「歪み」の存在を認識して、それを修正する**必要があります。

この章では、心に余裕を持つための考え方に焦点を当てます。

「社会的　　　　」が横行する　　の理由

インターネット上には、生活保護バッシングや精神障害者差別など、社会的弱者に対する過激な批判が氾濫しています。

本来であれば、社会的弱者は、地域社会全体で優しく庇護《ひご》すべき対象です。温かい目で見守ることはあっても、目に余るような罵詈雑言を浴びせるような相手ではないはずです。

なぜ、こんな現象が横行しているのでしょうか？

その背景には、次のような四つの理由をあげることができます。

【理由①】自分よりダメな人を叩いて「溜飲」を下げている

一番の理由は、自分よりダメだなと思う人を見つけて、それを罵倒《ばとう》することで「憂さ晴らし」をしているのです。

「自分の方がマシだな」と感じることで、ささやかな優越感を持つことができれば、その瞬間だけでも、自分の置かれた苦しい状況を忘れることができます。

生活保護バッシングには、国から生活費を支給されることに対する嫉妬も多分に含まれています。

「アイツより自分の方がマシだな」という発想をしていると、人との比較でしか自分のことが考えられなくなり、つねに自分より下の人を探し続けることになります。

延々とバッシングが繰り返される原因は、そこにあります。

人との比較で溜飲を下げる行為は、自分を「みじめ」にするだけです。みじめな思いをしているから、自分のバッシングが余計に過激化している……ということに、早く気づく必要があります。

【理由②】弱者に対する「想像力」が欠けている

名前も顔も知らない社会的弱者を、平気で叩けるというのは、相手に対する想像力が決定的に欠けていることも大きな原因です。

「能力的に劣っているからだろう」と自分勝手に結論づけて、社会的弱者が抱える事情までは考えが及んでいないのです。

社会的弱者には、それぞれ異なった事情があります。

病気やケガで仕事が続けられず、仕方なく生活保護を受けている人もいれば、貯蓄がないために生活が破綻してしまった高齢者もいます。

それを一括りにして、「どうせダメなヤツなんだろう」と決めつけて一斉にバッシングするのは、相手に対する想像力が欠如している証拠です。

【理由③】すべてが「他人事」で「自業自得」と考えている

15年ほど前に、日本中で「自己責任論」なるものが流行したことがありますが、その考え方は、今でも日本人の心の中に根強く残っています。

心の病が原因で生活保護を受けている人は、「自業自得」であり、「自分はそんなことにはならない」と勝手に思い込んで、すべてを「他人事」と考えている人が多いように思います。

仕事が忙しくて体調を壊したり、上司のパワハラによって心の病を患うことは、誰にでも起こる可能性があります。

何の根拠もなく、「自分だけが正常」とか、「自分だけは特別」と考えているから、見ず知らずの社会的弱者を、上から目線で叩くことができるのです。

【理由④】自分の意見こそが「正論」だと思っている

SNS上で他人を誹謗中傷している人の多くは、自分の考え方こそが「正論」であり、「世間のバカな連中は、なぜこんなことが理解できないのだろう？」という思いから、容赦のないコメントを投稿しています。

自分の意見だけが正しいと思い込み、世の中には多種多様な考え方があり、人の生き方は千差万別……ということが理解できていないのです。

最近では、SNSでコメントを投稿する際に、「この意見は誹謗中傷にあたるため、名誉毀損の可能性があります」という警告が表示される機能が普及しています。

その警告を見て、初めて自分の意見が正論ではなく、単なる誹謗中傷だと気づく人が増えているといいます。

人との比較で自分を考えたり、自分より下の人を見つけて溜飲を下げる行為は、自分のマインドをマイナスに向かわせます。

こうした発想を続けていても、**自分の生活が豊かになることも、人生が楽しくなることもありません。**

相手が得をして、自分が損をしたら負け……という考え方を、心理学では**「勝ち負け思考」**といいますが、勝ち負けや損得勘定で物ごとを判断していると、次第に自分を見失うことになります。

こうした考え方や発想は、一刻も早く改めることが大切です。

「自分は運が良かっただけ」と思えれば、自然と人に優しくできる

私は宗教を信じていませんから、神様に感謝することはありませんが、仕事が上手くいったり、何かいいことがあっても、自分の能力を過信するのではなく、「運が良かった」と思うようにしています。

第4章で詳しくお伝えしますが、私が東大の医学部に合格できたのは、頭がいいとか、努力したからではなく、灘高という学校に入って、効率的な勉強法と出会えたためで、自分では運が良かっただけ……と考えています。

平穏無事な毎日が送れているのは、誰かの助けがあったり、ラッキーな巡り合わせがあったからで、自分の実力だけで手に入れたものではありません。
すべてのことに「運」が関係していますから、思い上がることなく、運が良かったことを素直に喜ぶ気持ちを大切にしています。

自分のことを「苦労して這い上がってきた」とか、「自分の才覚で勝ち進んできた」と考えている人は、何も努力をしていないように見える人に対して、冷たく接する傾向が強くなります。

それが極端になると、「自己責任論」や「自業自得論」に発展することになり、相手に対する無意味なバッシングが始まってしまうのです。

努力をしていないように見えるだけで、その人には何らかの事情があったり、もっと大事にしていることがある可能性もありますから、自分の価値観を人に押し付けることは、人間関係の悪化を招くだけ……と考える必要があります。

勝手な思い込みや決めつけは、相手を傷つけるだけでなく、自分の人生をつまらないものにしてしまいます。

「自分は運が良かっただけ」と思うことは、私たちが生きていく上でも、意外に大事なことです。

松下電器（現パナソニック）を創業した松下幸之助は、入社試験の際に、志願者に対して必ずこう質問をしたといわれています。

「君は、自分のことを運が良いと思うかね？」

自分は運が良いと思える人は、

ため、前向きな気持ちで、さまざまなチャレンジができるからです。

経営の神様と呼ばれた松下幸之助は、「自分は運がいい」と答えた人しか採用しなかったそうです。

自分は運が良いと思ってる人は、周囲の人にも優しくなれます。

自分の能力を過信して、上から目線で周りの人を見ないだけでなく、「自分だけ得して悪いな」という思いがあるため、傲慢な態度で人と向き合うこともありません。

控えめ姿勢で人と接することができるから、自然と優しくなれるのです。

「自己愛」が満たされている人は、人に優しくなれる

日本には、「金持ち喧嘩せず」という諺《ことわざ》がありますが、これは心理学的にも正しい考え方です。

金持ちが喧嘩をしないと考えられる根拠は、大きく分けて二つあります。

【根拠①】「喧嘩には生産性がない」と合理的に判断している

お金を持っている人は、ムダなことや生産性のないことを嫌います。些細なことで喧嘩をしても、誰の利益にもならないことを知っているから、何かトラブルに遭遇しても、喧嘩という手段を選択しません。

逆の見方をすれば、「意味のない喧嘩は避ける」という合理的な判断ができるから、金持ちになっているともいえます。

【根拠②】生活の心配がないため、気持ちに余裕がある

金持ちが喧嘩をしないのは、気持ちに余裕があるからです。

お金の不安があると、焦りやイライラが募って、人に冷たくなりがちですが、経済的な心配とは無縁な生活をしていれば、メンタルが安定します。

気持ちに余裕があるから、人に優しくできるのです。

別の視点で見ると、

……と考えることもできます。

自己愛とは、自分で自分のことを愛せるとか、自分が人から愛されているという感覚を指します。

現代精神分析学では、親の愛情を一杯に受けて育った人や、子供の頃から褒められて育った人ほど、自己愛が満たされるとされています。

自己愛は年齢を重ねるごとに成熟すると考えられており、自己愛が成熟すると、自分以外の人にも愛情を注げるようになるといわれています。

オーストリア出身の精神科医ハインツ・コフートは、この状態をと呼んでいますが、私は金持ちにもこの理論が当てはまると考えています。

②自己愛が満たされている
←
③気持ちに余裕がある
←
④人に優しくできる

自己愛が満たされていると、人に親切にしたり、優しくすることができるため、ますます人に好かれるという好循環が生まれます。

逆に、自己愛が満たされていないと、考え方がネガティブになって、人に対して厳しくなる傾向があります。

美人や高学歴の人は、なぜ「性格が悪い」といわれるのか？

理論的にいえば、大金持ちの「富裕層」や、圧倒的な美貌を持つ「美人」、頭のいい「高学歴の人」というのは、自己愛が満たされており、自己肯定感も高いため、人に対して優しい傾向があるはずですが、現実的には、必ずしもそうではないケースが少なくありません。

あなたの周りにも、鼻持ちならない金持ちや、性格の悪い美人、人を見下すような高学歴の人が、一人くらいはいると思います。

なぜ、こんなことが起こるのでしょうか?

その原因は、現在のような状態になるまでの過程で、さまざまな辛酸を舐めてきたことにあります。

ド根性で這い上がってきた金持ちの多くは、これまでに何度となく嫌な思いを経験していることで、「自分は運が悪い」と思っており、気迫と努力で勝ち抜いてきたという自負があるため、自己愛が満たされていません。

彼らの目には、「貧乏なヤツは努力をしないからだ」と映っているから、周囲の人に冷たい態度を取りがちです。

圧倒的な美人の場合も、嫌な経験を何度もしてきたはずです。

たまたまルックスがいいというだけでイジメの対象にされたり、たくさんのダメ男に言い寄られるなど、不愉快なことばかりが続いていれば、必要以上に周囲を警戒するようになります。

いつしか自分のルックスが重荷に感じられて、自己愛を持つことができなくなってしまうのです。

周囲から「頭がいい」といわれて育った高学歴の人には、親に無理やりに勉強させられてきたという人も少なからずいます。

あらゆることを犠牲にして、つねにいい成績を取ってきたが、周りの連中は異性と遊んでばかり……という経験を繰り返してくると、東大を卒業したとしても、自己愛を満たすことができず、自然と人を冷ややかに見るようになります。

こうした感情をドイツの哲学者ニーチェは「ルサンチマン」(弱者が敵わない者に対して抱く怨恨や嫉妬)と称しています。

大金持ちや美人、高学歴など、圧倒的に恵まれていると思えるような人にも、それなりに何かしらの事情があることを知っておけば、彼ら彼女らに腹の立つような対応をされても、少しは優しくできるのではないでしょうか。

自己愛が満たされないと、考え方がネガティブになる

自己愛というのは、視点を変えれば、「人に愛されたい」とか、「人に褒められたい」という欲求でもあります。

周囲の人に好かれたり、認められたりすれば、承認欲求だけでなく、自己愛も満たされている状況といえます。

逆に、そうした欲求が満たされなければ、自己愛も満たされることはありません。

自己愛が満たされない心の状態を、一般的には「欲求不満」といいます。

欲求不満の状態が慢性的に続くと、人に優しくしても、喜びや幸せを感じられなくなるだけでなく、相手は幸せなのに、なぜ自分は不幸なのだろう……とネガティブな方向に考えが傾いてしまいます。

自分は運が悪いと思ってる人は、自己愛が満たされてないことが原因です。

最近は、通り魔的な凶悪事件が多くなっていますが、ほとんどの場合は、自己愛が満たされていないことが起点になっています。

「自分はなぜ、これほど社会にいじめられなければいけないんだ」とか、「俺は仲間はずれにされている」と思い込んで、自分は運が悪いから、もう生きていても仕方がない……という極端な発想に向かってしまうのです。

彼らの目には、幸せな家庭を持って暮らしている人や、きちんと仕事に就けている人が、「アイツらは運が良くていいな」と映っており、自分のことを「自分は運に見放され、神様にも見捨てられた人間」と思い込んでしまいます。

自己愛が満たされていないと、僻《ひが》みっぽくなったり、攻撃的になってしまうこともあるため、余計に孤立することになります。

凶悪事件に発展するほど追い詰められるのはレアなケースですが、人に対して優しくなるだけでなく、心のコンディションを整えるためにも、自己愛を満たすことは軽視できない大事なポイントといえます。

自己愛を満たしてくれる人と
つき合えば、人生はうまくいく

自己愛が満たされると、心に余裕が生まれて、人に優しくなれますが、自己愛を満たすというのは、意外に難しいことです。

「心の歪みを理解して是正する」とか、「自分は運が良かったと考える」ことによって、心に余裕を持つことはできますが、自己愛を満たすことはできません。

自己愛というのは、自分の考え方や発想のアングルを変えるだけでは、なかなか得られにくいものなのです。

例えば、何かに悩んでいる人に、「あなたは、まだマシな方だ。下には下がいる」と励ます人がいますが、そのアドバイスを額面通りに受け取っても、事態が好転することはなく、気持ちが前向きになることもまずありません。

「そうか、自分よりもっとヒドい人がいるんだな」と思えたとしても、自分が直面する悩みの解決にはつながらず、逆に下の人をバッシングして「憂さ晴らし」をするようなことが起こっているのが現代の風潮です。

視点を変えるだけでは、自己愛が満たされないだけでなく、事態を悪化させることにもなりかねないのです。

前出の精神科医コフートは、自己愛を満たすためには、誰かに「褒められる」とか、「注目される」といった体験が大切だ……と指摘しています。

周囲の人から、認められたり、愛されたりする経験を数多く繰り返すことが、自己愛を満たすことになり、人間を優しくすると考えられています。
自分を肯定的に見てくれて、きちんと認めてくれる人に囲まれて生活していれば、自然に自己愛に満たされて、人は優しくなれるのです。

自分のことを褒めてくれる人を友達や恋人に選ぶと、毎日が楽しくなるだけでなく、自己愛が満たされることで、優しい人になれます。

自分を認めてくれる人を人生のパートナーに選べば、心に余裕が生まれることで、チャレンジングになれます。
俗に「あげまん」と呼ばれるのは、こういう人のことを指します。

こうした基準で周囲の人を見つめたり、パートナーを選ぶことも、人生がうまくいくための大事なヒントになります。

上手に人に甘えられると、「優しさのキャッチボール」ができる

日本人は、人に「甘える」ことをネガティブに考えがちですが、人に甘えたり、甘えられたりすることは、人間関係を良好に保つことに役立ちます。

人生を楽しくするためには、上手に人に甘えるのも大事なことだと思います。

私の恩師である精神科医・土居健郎《たけお》先生は著書『「甘え」の構造』（1971年）で、人間の「甘え」を肯定的に捉えています。

「甘えがいけないのではなく、甘えられないことがいけない」という考え方は、人が

優しくあるための示唆に富んでいます。

甘えというのは、基本的には、相手が自分の「ニーズ」を満たしてくれることへの期待を意味しています。

前述した「暑い日に人が訪ねてきたら、冷たい飲み物を出す習慣」の例でいえば、「たぶん水くらい出してくれるだろうな」と思っていたら、その通りになった……という状況の心理を土居先生は「甘え」と呼んでいます。

その「甘え」が満たされると、相手の優しさに感謝する気持ちが芽生えて、お互いの人間関係が深まります。

日本には、古くから「お言葉に甘えて」という表現がありますが、上手に甘えることができれば、甘えたり、甘えられたりという「優しさのキャッチボール」が成立するのです。

会社の宴会や、仕事相手との飲み会の席などでよく見られる光景ですが、自分のグラスが空になったときの状況を思い浮かべてみてください。

日本の風習では、手酌（自分で自分の酒を注ぐこと）はマナー違反と考えられていますから、「誰かが注いでくれるだろう」と悠長に待っていられるのが、上手に甘えられる人です。

甘えられない人であれば、「どうせ自分は嫌われているんだろう」などと考えて、相手の気の利かなさにムッとしながら、手酌を始めたりします。

甘えられない人に共通する特徴は、相手の好意を素直に受け入れられなかったり、相手の好意を待てないことです。

その結果、周囲の人を恐縮させることになり、宴会の雰囲気が一瞬にしてシラケることもありますが、当の本人は、まったく気づかなかったりするものです。

相手にムリのない優しさを求めたり、相手のニーズを感じ取って、優しく満たしてあげることは、良好な人間関係を築いて、それを維持するためには大事なポイントとなります。

相手が褒めてほしいと思うときに褒めてあげるとか、褒めてほしいと感じているときに褒めてあげるというのは、ほんの少しの気遣いがあれば、誰にでもすぐにできることです。

「上辺だけ」の優しい人に騙されてはいけない

現在の日本では、表面的にはニコニコしていたり、腰が低いなど、何となく優しそうな人の方が、世間のウケがいい傾向にあります。

昔のような強面の政治家は影をひそめ、ソフト路線の二世政治家ばかりが登場していますが、やっていることはどうかといえば、格差社会を拡大させて、弱者を追い込むようなことばかりが続いています。

表面的な優しさに飛びつく人というのは、普段から優しくされていない人に顕著に見られる傾向です。

恋愛感情でも同じで、愛情に飢えている人は、見せかけの優しさに惑わされたり、ビジュアルの良さだけで相手を信用することが少なくありません。

結婚詐欺の被害者は、その大半が優しさに飢えている人たちです。

政治の世界に限らず、私たちが本当に見なければいけないのは、体裁のいい表面的な優しさではなく、その行動であり、行動の先にある結果です。

何となくのニュアンスだけで人を判断するのではなく、相手の本質に目を向けなければ、相手の優しさを見誤ることになります。

最近は、コンプライアンスやパワハラ意識の高まりによって、世の中から「愛のムチ」というものが消滅したように感じていますが、本当に相手のことを思っている優しい人は、必ずしも「口当たりのいい」ことや「耳障りのいい」ことばかりを言わないものです。

部下のことを思って、少しでも成長させたいと考えている上司は、時には厳しい口調で指導することもあります。

野球部員が本気で甲子園を目指したいと願っているならば、監督はハードな練習を課して、徹底的に選手を追い込むような練習をするはずです。

こうした上司や監督は、本当に優しくない人でしょうか？

現代のソフト路線の「落とし穴」はこんなところにあります。

大事なのは、表面的な優しさではなく、結果で判断することです。

・営業成績が上がった
・自分にプラスになった
・夢を叶えてくれた

・暮らしが豊かになった

自分にとって、少しでも「いいこと」があるならば、その人はあなたにとっての「優しい人」となります。

見せかけの優しさがもてはやされる時代だからこそ、「相手が本気でこちらのことを思っているか？」という判断軸を持つことが大切なのです。

第2章のまとめ

人に優しくなれる考え方

◎相手にも事情があることを知る
◎うまくいったときは「運が良かっただけ」と考える
◎意味のないケンカは避ける
◎自己愛を満たしてくれる人とつき合う
◎人に甘えてみる

第3章

男性が女性に求める優しさ、女性が男性に求める優しさ

男性が求めているのは、母親が与えてくれた優しさ

この章では、「男性が女性に対して求めている優しさ」と、「女性が男性に求める優しさ」の相違点に着目して、それぞれの特徴を詳しくお伝えします。

男性でも女性でも、よほどの事情がない限り「優しい人が嫌い」という人はいませんが、実際に優しい人と出会って交際を始めたり、結婚をしたら、「ウンザリした」とか、「ガッカリした」……という人は少なくありません。

なぜ、そんなことが起こるのでしょうか？

その原因は、男性と女性では、求める優しさに大きな違いがあり、お互いがそれを理解していないことにあります。

年齢や経験を重ねることによって、異性に求める優しさは、その時どきで移り変わるのが一般的ですが、男性が最終的に求めるのは、「母親」の優しさです。

母親を求めるといっても、熟女好きとか、マザコンという意味ではありません。

男性が追い求めているのは、まだ20代とか30代の若かった頃の母親が、幼い自分に与えてくれた優しさです。

自分のことを抱きしめてくれたとか、可愛がってくれたという記憶が、優しさの原体験として深く脳に刻まれているため、多くの男性が女性に対して、「包み込んでくれるような優しさ」を求めています。

「理想の女性のタイプは?」と質問されて、「母親のような人」と答える男性が多いのは、子供の頃に体験した母親の優しさが「いい記憶」や「楽しい記憶」として残っているからです。
本人に自覚があるかどうかは個人差がありますが、ほとんどの男性は幼児期の母親体験が女性の好みに色濃く反映されています。

男性の場合、ある年齢までは、言葉が悪いですが、女性に対して「落とす」という感覚を持っていますから、「高嶺の花を落とした」とか、「こんな可愛い子を手に入れた」と気分が高揚することもありますが、それは結婚するまでの話です。

結婚したら、家に帰ったときくらいは、ホッとしたいとか、リラックスして寛《くつろ》ぎたいと考えますから、これまた自分勝手な話ですが、気を遣わなくて済むような、ちょっと気が利くタイプの女性を求めるのが一般的です。
家庭内にクールビューティーな女性を求める人はそれほど多くはなく、ほとんどの男性が「包み込むような優しさ」を持った女性が理想と考えています。

女性が求めるのは優しい人ではなく、優しくされること

テレビや女性誌などのアンケート調査で、「好きなタイプの男性は？」と聞かれると、ほとんどの女性は「優しい人」と回答しています。

最近では、「一緒にいて楽しい男性」という答えも増えているようですが、今も昔も、多くの女性にとって「優しい男性」はつねに人気の上位を占めています。

女性が考える優しい男性とは、どんなタイプを指すのでしょうか？

女性が口にする「優しい」は言葉のアヤで、世の男性は、それをどう解釈すればいい

いのか、戸惑っているように思います。

優しい男性というのは、誰にでも優しかったりするため、浮気癖があったり、上辺だけの優しさを振りまくタイプの可能性があります。

自分だけに優しい男性であれば、ある程度は腑《ふ》に落ちますが、「この人は、私にだけ優しい」と思えるような男性というのは、一歩外に出ると意外な強面《こわもて》であったり、DVの傾向を持っていることもあります。

女性が求める「優しさ」は、男性ほど単純ではないため、一筋縄ではいかないものがあるのです。

優しさというのは、あくまで本人の受け止め方ですから、女性は優しい男性が好きなのではなく、「優しくされること」が好きなのかもしれません。

女性が関心を寄せるのは、「男性がどのような優しさを、自分に示してくれるのか？」という、優しさの表現方法にあるように思います。

強引だったり、下心がありそうな優しさを示されると、それだけで怖くなったり、警戒する気持ちが芽生えます。

他に好きな男性がいる場合には、どんなに心がこもった優しさであっても、それを面倒くさく感じてしまいます。

女性が優しいと感じる男性には、共通するような特徴がなく、その感じ方にも個人差があります。

女性にとって、「どんな男性が優しい人なのか？」という明確な基準は、おそらく存在しないように思います。

医学的に見ると、誰にでも優しい男性には浮気癖がある

「誰にでも優しい男性には、浮気癖がある」とお伝えしましたが、これは私の主観ではなく、医学的な根拠のある話です。

その根拠とされるのが、テストステロンに代表される男性ホルモンの存在です。

男性ホルモンは「男らしさ」を高めるホルモンとされていますが、誰にでも優しくできるタイプの寛容な男性には、テストステロンが多い傾向が見られます。

テストステロンの量が多い男性には、次のような特徴があります。

【特徴①】エネルギッシュ
【特徴②】社交性が高い
【特徴③】ポジティブ思考
【特徴④】恋愛に積極的
【特徴⑤】性欲が強い

ある研究によると、社会的に成功している男性には、テストステロンが多いという結果が出ています。

「英雄色を好む」という言い伝えの科学的根拠もここにあります。

英雄と呼ばれるような人は、活力にあふれ、精力的に活動するため、女性にも積極的です。

男性ホルモンが後押しすることで、あらゆる面でアクティブなのです。

仮に英雄ではなく、一般の人であっても、テストステロンが多い男性は、自己肯定感が高く、社交性があり、誰にでも優しい気遣いができるため、女性にモテます。

女性にはモテるけれども、性欲が強いこともあって、浮気癖がある……という確率が高くなります。

こうした傾向は、女性にとっては、非常に悩ましい問題です。

仕事に前向きに取り組んで、真面目に一生懸命に働き、社交性もあって、周囲に気遣いを欠かさない男性は、恋人やパートナー選びの最有力候補となります。

どこから見ても魅力的な男性に映りますが、浮気癖という大きなウィークポイントを抱えているのです。

女性からすると、「男は単純な生き物」に見えるといいますが、現実はそれほどシンプルではないのかもしれません。

男性が陥りがちな「優しさ」の勘違い

男性が「よかれ」と思っている優しさが、女性にとっては、少しも嬉しくなかったり、相手に物足りなさを感じさせたりすることがよくあります。

最近の男性は、女性に結論を委ねることが優しさと考えている人が多いようですが、女性の目にはそれが優柔不断と映り、男性が思っているほど、女性は優しさを感じていないといいます。

二人でレストランに食事に行ったときの光景を思い浮かべてください。

その店には複数のディナーコースが用意されていて、どれを選べばいいのか、迷ってしまうようなシーンに直面したとします。

あなたが男性であれば、どのような選択をしますか？
あなたが女性であれば、男性にどうしてほしいと思いますか？

こうした局面での行動から、女性は男性の優しさを判断することになります。

男性が取り得る選択肢としては、次のようなものがあると思います。

①自分の好みで二人分のコースを選ぶ
②女性に「好きに選んで」と選択を委ねる
③それぞれが好みのものを選ぶ
④自分の懐具合と相談して決める
⑤店のスタッフにオススメを聞く

この五つの選択肢には、それぞれ一長一短があります。

まずは、その長所と短所を考えてみることが大事なポイントです。

①長所：リードしてくれる　短所：自分勝手
②長所：好みを尊重してくれる　短所：優柔不断
③長所：自由度が高い　短所：一体感がない
④長所：経済観念がある　短所：ケチ
⑤長所：柔軟性がある　短所：自分で判断できない

この比較を見れば一目瞭然ですが、どれを選択したとしても、完璧な答えは存在しません。

どんな対応を取っても、すべては相手の受け取り方次第ですから、大事なのは、相手の「心理ニーズ」をどうキャッチするか……にあるということになります。

女性の心理ニーズに合っていれば、どれを選択しても正解になり、合っていなければば、何を選んでも不正解ということです。

「あなたが決めていいよ」と言われた方が嬉しい女性もいれば、「あなたに決めてもらった方が嬉しい」と思っている女性もいます。

その心理ニーズを理解しないまま、相手の意見を尊重していることだけで、「俺は優しい」と思い込むのは、男性の一方的な勘違いです。

女性に優しくても、モテない男性がいるのはなぜ？

ほとんどの男性は、女性に優しくすることが「モテる男」の条件と考えていますが、どんなに優しくしても、女性から愛されない男性もいます。

周囲の人から、「あの人はイケメンだね」と言われている人であっても、例外ではありません。

これは一体、どういうことでしょうか？

その原因は、男性が「優しさ」と思い込んでいる言動が、女性には「優しくない」

と被っていることにあります。

男性が「相手のため」と思ってやっていることが、逆に裏目に出ているケースが少なくないのです。

日本人の男性に多いとされる三つのパターンを紹介します。

男性にとっても、女性にとっても、日常的な「あるある」だと思います。

【ケース①】女性に決定権を委ねて、自分の意見を言わない男性

最も多いのが、「女性の意思を尊重する」ことが優しさと思い込んで、すべての決定権を相手に委ねてしまうことです。

旅行先を決めたり、どこかへ食事に行く際に、よくあるパターンです。

女性「今度の休みは、どこに行こうか？」
男性「そっちの行きたいところでいいよ」
女性「私は京都がいいな。どこかある？」
男性「すぐには思いつかないな」
女性「じゃぁ、京都でいい？」
男性「京都には詳しくないけど……」

男性は女性の考えを大事にして、それを「最優先」することを大事にしています。すべての決定権を女性に委ねることが、女性に対する優しさだと思っているからですが、こうした対応をされると、女性は「優柔不断な人だな」とか、「自分の意見はない人なのかな？」と感じてしまいます。

男性が考える優しさを、女性は「物足りない」と受け取ってしまうのです。

「彼女は何を望んでいるんだろう？」と考えることは大事ですが、それだけでは相手を不安にさせるだけです。

女性によっては、「黙って俺についてこい」的な強気な言動を好む人もいるでしょうが、多くの女性が「一緒に考える」くらいの協調的な姿勢は見せてほしいと思っています。

優しさが空回りしている男性は、こうして恋愛対象から除外されているのです。

【ケース②】優しさが「的外れ」な方向に走ってしまう男性

女性が悩みを打ち明けたときなどに、意外と多くの男性がやってしまうのが、「的外れ」な方向に優しさが走ることです。

「自分では何もしてあげられないな」という思いが、的外れを誘発しています。

女性「最近、人間関係で悩んでいるの」

男性「そうなの？」
女性「職場の先輩とトラブルがあって」
男性「そりゃ、大変だね」
女性「明日、先輩と顔を合わせるのイヤだな」
男性「じゃあ、映画でも観て気分転換する？」

男性が示したのは、女性のモヤモヤをスッキリとさせてあげたい……という優しさですが、一番の問題は女性の悩みをスルーしていることです。

女性は、自分が抱えている悩みを「相談したい」と思って話しかけていますが、男性は合理的に考えて、「職場のことであれば、自分は役に立てない」と結論を出して、リフレッシュ法を提案しているのです。

男性にとっては合理的な考えであっても、女性にとっては「物足りない」を通り越して、「迷惑」な優しさとなります。

自分の悩みを一緒に考えてくれないことに不満を感じるだけでなく、「こんな気分で映画を観ても、楽しめる気がしない」ということを、男性が理解していないことに、怒りすら覚えるからです。

こんなことが続くと、女性の気持ちは次第に男性から離れていきますが、多くの男性は、なぜ女性がそんな気持ちになるのか、まったく理解できないのです。

【ケース③】ピンチに遭遇したとき、頼りにならない男性

緊急事態が発生したり、何らかのピンチに遭遇したとき、女性は堂々とした振る舞いを男性に期待しています。

その頼もしい姿に、男性の優しさを感じる人もいると思います。

二人でコンサートに行くために、最寄りの駅で電車を待っていたところ、何らかの

トラブルが発生して、電車が止まってしまいました。
復旧のメドは立っておらず、タクシー乗り場には大行列ができています。

あなたが女性であれば、男性にどうしてほしいと思いますか？
あなたが男性であれば、どんな行動を取りますか？

女性「どうしよう。このまま電車を待つ？」
男性「どうすればいいと思う？」
女性「どうしようか？」
男性「コンサートは諦めたくないな」
女性「じゃぁ、どうすればいい？」
男性「ちょっと、ヤバイね」
女性「どうするの？」
男性「俺だって、わからないよ……」

この男性は、思わぬトラブルに遭遇して、軽いパニック状態に陥っており、どうすればいいのか、何も考えられない状態になっています。

女性は、「どうすればいいと思う?」と代替案を相談したいと思っていますが、男性は、「俺だって、わからないよ……」と投げやりとも取れる態度に出て、女性を困惑させています。

このひと言で、女性は「優しくないな」とか、「頼りないな」と感じて、男性から気持ちが離れてしまうのです。

ピンチのときほど、人間の本性が現れるものです。

女性にモテなかったり、見限られてしまう男性には、本人に自覚がないだけで、それなりの理由があるものです。

「相手のため」にならなければ、優しさにはならない

優しさというのは、自分が思っている通りには、相手が受け取ってくれない……という難しさがあります。

自分が「良かれ」と思って示した優しさが、相手にとっては見当違いだったり、期待外れであるという「スレ違い」は、男女の間では頻繁に起こることです。

一つだけ確かなことは、優しさというのは、相手のためにならなければ、優しさにはならないということです。

男女がデートなどで食事をする場合、「どこの店がいい？」と女性に聞くような男性は、すぐに「優しくない人」に分類されるそうです。

それが初めてのデートであれば、女性は「この人は、どんな店に連れて行ってくれるんだろう」と期待しながらワクワクしています。

女性には、「自分の知らない店に行ってみたい」という願望もあります。

「どこの店がいい？」というひと言は、期待と願望の二つを見事に打ち砕くことになるだけでなく、自分の知っている店に行ったのでは、「美味しい店のバリエーション」が増えないため、何の面白さもなく刺激も感じないといいます。

ほとんどの男性は、「一緒に楽しく食事ができれば、店なんてどこでもいいだろう」と軽く考えがちですが、女性は「意外性」や「新たな刺激」、「新鮮な驚き」を男性に求めています。

そうした心理ニーズに応えてくれない男性は、女性のためには何ひとつなっていないため、「この人は優しくない」と思ってしまうのです。

優しい人は、相手の気持ちを想像する能力が高い

選択を相手に委ねて、相手の考えを尊重することが、優しさではありません。優しさとは、相手の気持ちを想像して行動することであり、優しい人とは、相手の思いを想像する能力が高い人を指します。

女性が自分で行く店を決めたいと思っているように感じたら、その気持ちを尊重して、相手に決めさせてあげるのが優しい男性です。

男性に新しい店に連れて行ってもらいたい様子ならば、そうしてあげれば、女性は

デートを楽しめるだけでなく、男性の優しさに感謝する気持ちが生まれるのです。

ピンク・レディーのヒット曲『UFO』の歌詞の中に、「飲みたくなったらお酒、眠たくなったらベッド、次から次へと差し出すあなた」というフレーズが登場しますが、ここには女性が男性に求める優しさの一端が示されています。

意外性と驚きを伴う優しさが、女性を喜ばせることになり、それを与えてくれた男性に対して深い愛情を感じ取ることになります。

日本人の男性は、女性に対する優しさを難しく考える傾向があり、それを重荷に感じている人も多いようですが、深刻になる必要はありません。

女性が求めているのは、ほんの少しだけ自分の気持ちを想像してくれて、男性がささやかな気遣いを自分にしてくれることです。

実現不可能な無理難題を要求しているのではなく、男性が自分のためを思って何かをしてくれるとか、考えてくれることで、安心感を得たいと思っているのです。

男性に大事にされている自分を感じることができれば、それだけで満足できるといいます。

多くの女性は、お互いが自分の欲望や欲求を押し付け合うのではなく、お互いが相手のことを思い合うことで、譲ったり、譲られたりできることを望んでおり、そうした関係を結べる男性を「優しい人」と考えています。

これは女性だけに都合のいい願望ではなく、男性にとっても、十分に納得のいく考え方だと思います。

お互いが相手の気持ちを想像し合うことは、男女の関係に関わらず、すべての人間関係を円滑にするための大事な視点といえます。

どうすれば相手の気持ちを想像できるのか？

相手の気持ちを想像するためには、相手が何を求めているのか……を読み取る能力を高めることが大切です。

こうした能力を、心理学では「共感能力」といいます。

共感能力とは、相手の立場に立って相手のニーズが想像できたり、相手の喜怒哀楽などの感情に寄り添って、シンクロできる能力を指します。

世界的ベストセラー『ＥＱ　こころの知能指数』の著者である心理学者のダニエル・ゴールマンは、共感を次の三つに分類しています。

「認知的共感」　相手の視点を理解する
「情動的共感」　相手の感情を理解する
「共感的関心」　相手が何を求めているかを察知して理解する

この三つの共感の特徴を、簡潔にお伝えしておきます。

認知的共感とは、相手が考えていることや、感じていること、その行動の意図などを、自分の立場から見るのではなく、相手の視点に立って、「推測」→「理解」→「対応」することをいいます。

相手の視点で相手を見ることから「視点取得」ともいわれます。

情動的共感は、相手の感情を推論して、理解することです。

悲しんでいる人に寄り添っていたら、自分も悲しくなったとか、喜んでいる人に接していたら、幸福感が得られたという現象を指します。

認知的共感が、「相手の立場に立って、その感情を理解する」のに対して、情動的共感には「相手の情動（一時的で急激な感情の動き）を理解して、自分の感情として受け入れる」という違いがあります。

共感的関心とは、相手の考えや情動を、相手が感じたまま、意図するままに察知して、同じ目線で理解しようとする姿勢を指します。

相手の考えを好き嫌いなどで判断することなく、自分の考えを押し付けたり、修正を求めないことが重要とされています。

こうした三つの共感の違いを理解して、相手の状況を注意深く観察することが、相手の気持ちを理解するための第一歩です。

「相手は何を考えているのか？」→「それをどう感じているのか？」→「自分に何をしてもらいたいと思っているのか？」……という三つのステップを踏むことによって、相手の気持ちに上手に寄り添うことができます。

共感能力が「高い人」と「低い人」はどこが違う？

相手の気持ちを理解して、それに寄り添うというのは、相手に「媚《こ》び」を売ったり、上下の関係を作るためではありません。

相手を深く理解して、信頼関係を高めることが一番の目的です。

そうした行動が自然にできる人が、優しい人の特徴です。

相手の気持ちが想像できる「共感能力が高い人」には、次のような五つの共通点があります。

①相手に興味関心を持って、共感する姿勢で話を聞く
②注意深く話を聞いて、自分の意見を押し付けない
③否定的な相槌《あいづち》を差し挟まない
④自分と異なる意見でも一度は受け止める
⑤相手にとって適切な言葉を探して自分の考えを伝える

相手の気持ちを考えない人は、こうした言動とは正反対の対応をしているため、多くの場合、相手から「自分勝手」で「独善的」な人と思われています。

共感能力が低い人には、次のような特徴が見られます。

①相手に対する興味関心が薄い
②自己中心的な考え方

③自己顕示欲が強い
④相手の感情を読もうとしない
⑤相手の意見に自分の感情を挟む

共感能力が低い人は、自己中心的な考え方をするため、相手を理解することよりも、「自分を理解してほしい」という気持ちを強く持っています。

相手が話している途中でも、「それは違う」とか、「自分はそうは思わない」など、自分の意見を挟んでしまう傾向があります。

相手の心情に興味がなく、無神経な言動をすることが多いため、「思いやりがない人」と思われているのです。

思いやりとは、相手に対する共感の後に生まれる感情のことです。

相手の気持ちを想像して、そこに感情移入することが共感であり、共感からさらに一歩踏み込んで、相手の望みを実現したり、困難を乗り越えるために、あれこれとサポートする優しさが、一般的に「思いやり」といわれるものです。

「相手の気持ちを想像する」→「相手に共感する」→「相手に対する思いやりが生まれる」……という流れが、人を優しくさせます。

そのためには、自ら意識して共感能力を高める工夫をしていくことが、重要なポイントとなります。

「共感能力」を高めるための五つの注意点

共感能力は生まれ持った性格や気質によって決まるものではなく、相手に興味と関心を持ち、日常的に相手の立場に立って考える習慣を身につければ、普通に手に入れることができるものです。

大事なのは、自己中心的な考え方を控えることと、相手に対して必要以上に自己主張をしないことです。

相手の話を聞く際には、次の五つの注意点を意識することが大切です。

【注意点①】相手の話を「なぜ？」という視点で聞く
【注意点②】意見が違っても最後まで耳を傾ける
【注意点③】話の先を急がせない
【注意点④】好奇心を持ち、相手の立場で考える
【注意点⑤】疑問点は話が終わってからまとめて聞く

どんなに真剣に相手の話に耳を傾けたとしても、意外に多くの人が、話の途中で自分の意見を言い出したり、疑問点を指摘することによって、

それでは、相手の気分が晴れることはなく、逆にフラストレーションを抱えさせることになります。

相手の意見が自分の考え方と違っても、話を最後まで聞き通して、その後にまとめ

て自分の意見を伝えた方が、相手も納得しやすくなります。

相手の話を中断させず、きちんと最後まで話を聞くためには、適切な相槌の打ち方を知っておくことも大事な要素です。

相手の共感を得られやすい相槌のフレーズには、次のようなものがあります。

①「わかるよ」
②「そうだね」
③「ありえるね」
④「確かに」
⑤「いいね」
⑥「なるほど」
⑦「すごいな」

このフレーズに共通するのは、すべてが肯定的な相槌であることです。

相手の話を肯定的に受け止め、自分が言いたいことではなく、相手のために言っておきたいと思えることをきちんと伝えることができれば、自然と相手もその意見に共感してくれることになります。

「摩擦」を起こさないことが優しさだと思っている

男女を問わず、日本人には相手と「摩擦」を起こさないことが、優しさだと思っている人が多い傾向にあります。

相手の意見を否定しないとか、反論しないことが優しさと考えるのは、明らかな勘違いです。

欧米には、フランクに自分の意見を伝えて、相手もそれを率直な意見として受け入れる風習がありますが、日本人には相手の気持ちを先回りして考えて、批判や反論を手控える傾向が強くあります。

それは日本人特有の奥ゆかしさでもありますが、自分の考えを伝えないことを優しさと考えるのは、やはり無理があります。

相手の気持ちを忖度して、言いたいことを言わないというのは、自分の主体性を犠牲にしているわりには、相手には何もメッセージが伝わりません。

何も伝わらないということは、相手のことに「関心がない」という、思惑とは正反対のメッセージを伝えることになります。

優しい人どころか、優しくない人と思われてしまうのです。

「摩擦を起こさない」という消極的な態度が、相手に優しさと映ることはほとんどありません。

自分の勝手な意見ではなく、相手の立場に立って考え、相手のためを思った結果が、「相手にとって厳しい言葉」であれば、面と向かってきちんとそれを伝えることは、間違いなく相手に対する優しさです。

その言葉に相手が気分を害すことがあったとしても、本当に大事なことであれば、後になって相手が喜んでくれたり、感謝されることになります。

目先の摩擦を恐れるあまり、意味のない忖度をすることは、相手のピンチを見て見ぬふりをすることと同じです。

人に優しくあるためには、時には摩擦を恐れない「勇気」と「覚悟」を持つことも必要なのです。

異性に優しくするのは意外に難しい

相手が同性であれば、躊躇なく優しくしたり、親切にできる人でも、見知らぬ異性に対しては、意外と身構えてしまうものです。

最近では、セクハラやパワハラ意識が高まっていますから、若い女性が駅の階段で重そうなキャリーバッグを引き上げている姿を目撃しても、それをスルーして素通りする男性がほとんどです。

少し優しくしただけで、「何か下心があるのではないか？」とか、「どんな目的があって、親切にしてくれるの？」という疑いの目で見られるのは、お互いにとって不幸なことです。

近ごろは、年齢や性別に関係なく、過剰に人を警戒する傾向が強まっており、若い女性が年配の男性に道を尋ねただけで、無愛想に「あっちへ行け！」と怒鳴るようなことも起こっています。

現代の日本は、人に優しくすることも、人から優しくされることも難しい時代になっていますが、相手が女性であれ、男性であれ、どんな年代の人であっても、困っている人がいたら優しく手を差し伸べたり、人からの好意は素直に受け入れられる人間でありたいものです。

世の中は、「持ちつ持たれつ」と考えることができれば、人に優しくできるのではないでしょうか。

あなたは、困っている異性がいたら、優しくすることができますか？

そんなことを自問自答してみることも、現代社会で優しい人であるためには、大切なことだと思います。

第3章のまとめ

共感能力を高める五つのコツ

◎相手に興味関心を持って、共感する姿勢で話を聞く
◎注意深く話を聞いて、自分の意見を押し付けない
◎否定的な相槌を差し挟まない
◎自分と異なる意見でも一度は受け止める
◎相手にとって適切な言葉を探して自分の考えを伝える

第 4 章

「人に優しく、自分にも優しい」マインドの持ち方

優しさとは、自分の中で「利己」と「利他」を両立させること

優しい人であるためには、自分なりの「判断軸」を持って、言動や考え方がブレないことが大切です。

その時どきで言動や考え方が揺れ動くと、自分を見失うだけでなく、周囲の人たちから「気まぐれな人」と思われてしまいます。

優しい人は、軸足できちんと地面を踏んで立っているから、自分がどんな状況にあっても、人に優しくできるのです。

この章では、優しい人になるためのマインドの整え方に着目して、そのポイントを

詳しくお伝えします。

私たちの心の中には「利己」と「利他」という二つの考え方が存在しています。

利己とは、「自分を大事にする気持ち」であり、利他とは、「人を大事にする気持ち」を指します。

いい人生を送るためには、どちらも大切な要素ですが、問題はそれを実現するためには、どちらかを犠牲にする必要がある……と考えられていることです。

利己的という言葉があるように、利己には「自分だけが良ければいい」という側面があり、独善的でネガティブな考え方とされています。

一方の利他には、「自分を犠牲にしてでも、人のことを優先させる」というニュアンスがあるため、ポジティブな考え方と認識されています。

利己は自分勝手な考え方だから「悪」であり、利他は自己犠牲を顧みないから「善」と受け取られているのです。

一般的には、この二つは相反するもの……と考えられていますが、私はまったく違う見方をしています。

自分を大事にできなければ、人を大事にできるはずがなく、自分を犠牲にしていたのでは、継続して人を大事にすることはできないと考えています。

人が優しくあるためには、利己と利他を対立軸として考えるのではなく、この二つを自分の心の中で「共存」させることが重要です。

この章のポイントは、いかに利己と利他を両立させるか？にあります。

余計な我慢をしない方が、人は「利他」になれる

現代の日本では、利己から利他への意識の転換が時代のキーワードとして注目されていますが、私はこうした考え方には否定的です。

自分を大切にすることができなければ、人を大切にすることはできませんから、「利己」が悪いと考える必要はないのです。

日本人には、自分を犠牲にして、我慢することが「美徳」という考え方が根底にありますが、余計な我慢はしない方が、人は利他になれます。

自分を大切にするためには、ムダな我慢をせず、自分を犠牲にしないことも大切な要素です。

自分のことを素直に愛したり、自分の欲望に忠実に生きることができれば、欲求不満やストレスで悩むこともなく、気持ちに余裕が生まれます。

気持ちに余裕があれば、人のことを思いやったり、相手の気持ちを想像することができます。

逆の視点から見れば、自分を犠牲にすればするほど、手枷足枷が増えて、人に優し

のです。

利己と利他を自分の中で「両立」させるためには、次のような流れをイメージすることが大切です。

↓
③自分を犠牲にしない
↓
④人の気持ちを想像する余裕が生まれる
↓
⑤人に優しくできる（利他）

物ごとを「善か悪か？」とか、「白か黒か？」という二者択一のどちらかで判断することを「二分割思考」といいますが、利己か利他かという考え方も、典型的な二分割思考といえます。

この考え方の問題点は、二つを明確に区別することで、それぞれを「両極端」なものと考えてしまうことです。

利己と利他は両極にあるのではなく、利己の延長線上に利他があると考える必要があります。

自分を犠牲にしている人ほど、人に厳しくなる

自分を犠牲にすると、ストレスや欲求不満によって、人の気持ちを想像する余裕が持てないだけでなく、人に対して厳しくなる傾向があります。

自分を犠牲にするというのは、「自分で自分に我慢を強いる」ことですから、その我慢の「押し付け」が、周囲の人に向かってしまうのです。

意外に思うかもしれませんが、現在、社会問題になっている「ブラック企業」が生まれる背景にも、こうした我慢が関係しています。

ブラック企業というのは、トップの方針によって、会社ぐるみで社員に厳しい待遇を強いているケースはごく一部です。

ほとんどの場合、管理職の立場にある上司が、部下に厳しくすることが、会社がブラック化する原因を作り出しています。

そうした上司の多くに共通するのが、「かくあるべし思考」をしていることです。

かくあるべし思考とは、物ごとを「こうあるべし」と決めつけて、それに反することは許さないという偏《かたよ》った考え方を指します。

「新規顧客を獲得できなければ、営業は会社に戻ってくるな！」とか、「仕事が終わらなければ、休日出勤は当たり前だ！」など、部下に対して厳しい指示を出す上司には、「仕事は、かくあるべし」という強い思い込みがあるため、社員それぞれに事情があることなど、「どうでもいい」と思ってしまう傾向があるのです。

こうした上司の大半は、部下に対してだけでなく、自分の仕事に対しても、「かくあるべし」と考えて、自分自身を厳しく縛り、自分に我慢を強いています。自分が我慢している分だけ、部下にも厳しい態度で向き合うことが当然と思うようになり、自分が考える「かくあるべし」を強引に押し付けてしまうのです。

これは、自分を犠牲にして、我慢している人ほど、人に厳しくなる……という典型的なパターンといえます。

ムリな我慢を続けても、いいことは何も起こらない

仕事で成果を出すためには、ある程度の我慢も必要ですが、自分が納得できないような我慢を強いられていると、体調を崩したり、メンタルに影響が出ます。

我慢というのは、身体的にも精神的にも、いい影響が出ることは一切なく、逆に病気を引き起こす原因になります。

人間はムリな我慢を続けると、ストレスが日を追って蓄積します。

それが限界に近づくと、血圧や心拍数が上がり、意欲や好奇心、自発性が低下するなど、身体や心にダメージを与えます。
ストレスが極限まで達すると、うつ病を発症することもあるのです。

私はこれまで、そうした患者さんをたくさん診てきましたが、日本人がムリな我慢をしてしまう原因は、「結果」ではなく、　と考えています。

「我慢は美徳」とか、「真面目にやっていれば、必ずいいことがある。結果は二の次」と考えて我慢を続けていると、周囲に努力家とか、勤勉家と受け取られて、高く評価されます。

結果で判断するのではなく、　のです。

我慢の生活を続けても、自分の心と身体がボロボロになったのでは、何の意味もないだけでなく、元も子もありません。

人生は今が大切で、結果がすべて……と割り切って考えることが大切です。

大切なのは「人に優しく、自分にも優しく」というマインド

毎日を明るい気持ちで過ごして、少しでも人生を楽しくしたいと思うのならば、「人に優しく、自分にも優しく」というマインドを持つことが大切です。

自分を厳しく律していると、ストレスが溜まって身体を壊します。

人に厳しく接していると、周囲から嫌われます。

ムリな我慢をせず、人に対しても優しくすることが、いい人生を送るためには重要なことです。

ムリな我慢をしないというのは、見方を変えれば、**上手に「ガス抜き」する方法を見つける**ということでもあります。

普通に生活をしているだけでも、腹が立つようなことは起こりますが、その度に目の前の人を怒鳴りつけていたのでは、血圧が急上昇するだけでなく、社会生活に影響が出ます。

周囲とトラブルを起こさず、自分の工夫で怒りを鎮めることが、上手なガス抜きといえます。

私は自分で運転してクルマで移動することが多いのですが、私が生まれ育った大阪では、黄色信号は注意ではなく、「行け」の合図という認識があります。

目の前をビュンビュン飛ばすようなスポーツカーが走っていれば、黄色信号は行くだろうと思い込んでいますが、そんな予想に反して、信号の手前でピタッと停車したりすることがあります。

こんな場面に遭遇すると、関西人にはすぐにムカッとする習性があるのです。

私がどうするかといえば、クラクションを鳴らしたり、怒りに任せてあおり運転を

するようなことは絶対になく、密室の車内で暴言を吐くだけです。

「何を考えとるんや、どアホ！」

汚い言葉で恐縮ですが、怒りを抑えるのではなく、

こうして誰もいないところで、勢いよく放言をするように、言われる形で勝手に怒って、誰

ようにしています。

黄色信号で停車したからといって、相手が運転マナーを無視しているわけではなく、

逆に正しく交通ルールを守っています。

理不尽なのは、自分勝手に怒っているこちらですから、相手に迷惑をかけないとこ

ろでストレス発散をしているのです。

最近では、電車の遅延などが発生すると、駅のホームで駅員さんに罵詈雑言を浴び

せて詰め寄る人を多く見かけますが、こうした怒り方は、駅員さんにも、周囲の乗客

にも大迷惑です。

意味のない怒りは、トイレの個室など、誰もいないところで勝手に処理するのが賢明な判断といえます。

人に優しくなるためには「美学」を持つことが大切

最近では流行らなくなった言葉に「美学」というものがあります。

美学とは、「何を美しいと思うか？」とか、「どんなことを素晴らしいと思うか？」というこだわりや価値観を指します。

自分の美学を持てば、それが「判断軸」や「理想像」となって、日常の言動の基準が生まれます。

別の見方をすれば、美学を持つとは、「どんなことをカッコ悪いと感じているか？」

ということです。

私がつねに意識しているのは、人に威張らず、偉そうな態度を取らないことです。医者や大学教授をしていると、偉そうに人を見下すような態度を取る同業者を見かけますが、そんな人間にだけはなりたくないと思っています。尊大な態度の人を目撃すると、「コイツは頭が悪いな」とか、「カッコ悪いヤツだな」と思ってしまうのです。

自分には美学がないと思うならば、次のような行動を意識すると、それが美学になり、行動の基準になります。

①約束を守る
②言い訳をしない
③人の悪口は言わない
④お礼や感謝は必ず伝える

自分の美学を持てば、それに沿って行動している限りは、自分の軽率な振る舞いに気づいて、後で気分が落ち込んだり、自己嫌悪に陥ることもなくなります。

こうした気持ちを手に入れると、自然と利他的な考えができるようになり、人にも優しくできるのです。

道徳の「道」はあるが「徳」がない

日本人が美学を意識しなくなった背景には、道徳とか道徳教育の在り方が右往左往してきたことも大きく関係しているように思います。

道徳には、「道」と「徳」という二つのパートがあります。

「道」とは、「親孝行をしなさい」とか、「弱い者は助けなさい」、「順番を守りなさい」など、人が守らなければならないルールを指します。

「徳」というのは、そうしたルールを守ることができる状態を指し、どちらかというと、「こうありたい」とか、「こうなりたい」といった人間のあるべき姿を示しています。

天変地異が起こっても略奪行為はしないとか、電車やエレベーターに乗るときは整列して待つなど、日本人は世界に類がないほど「道」を守っていると思いますが、「徳」は圧倒的に欠けていると感じています。

日本ほど、大金持ちが寄付をしない国は他になく、政治家が平気でウソをつく国も珍しいと思います。

「この人のようになりたい」と思えるような政治家や経営者がいないことも、徳のなさの現れといえるのではないでしょうか。

これまでの道徳教育というのは、「道」ばかりに重点を置いてきましたが、これからは自分で意識して「徳」を学んでいく姿勢が大事だと思います。

自分の在り方を考えることは、美学を持つことにもつながり、優しい人に一歩近づけることになります。

人と助け合うことで、いい結果が出やすくなる

「ライバルに親切にしたり、優しくしたら自分が負ける」

出世競争をしているビジネスマンや、大学や高校の受験生には、「ライバルに親切にしたり、優しくしたら自分が負ける」と考えている人がたくさんいますが、たとえ競争関係にある相手でも、人には優しくした方が、目標を達成しやすくなります。

日本人には、「敵に塩を送る」（ライバルの弱みにつけ込まず、その苦境から救おうとする行為）を極端に気嫌いする人がいますが、どんな場合であっても、人に優しくした方が、いい結果が出るものです。

私がそれを学んだのは、大学受験を目前に控えた高校3年のときです。

私は兵庫・神戸市にある灘高に通っていたのですが、当時の灘高は東大合格者数で全国トップを走っており、世間から、「灘高生は性格が悪い」などと言われていたような時代です。

性格が悪いかどうかはわかりませんが、同級生の多くは同じ東大を目指すライバルですから、お互いが競争心を持っていたことは間違いありません。

高校の1～2年生の頃は、いじめもケンカも多くありましたが、受験まで1年を切った高校3年生になると、不思議なほど、みんなが仲良くなったのです。

普通であれば、お互いの競争が激化する時期ですが、東大合格者数のトップをみんなで守ろうというムードが一気に高まって、全員で協力して受験に臨むような雰囲気ができあがりました。

いい参考書が見つかったら、みんなで教え合うとか、できないヤツがいたら、できるヤツが教えてあげるなど、団体競技のような雰囲気に包まれながら、受験勉強に取り組むことができたのです。

お互いに助け合った方がパフォーマンスが上がり、足の引っ張り合いはパフォーマンスを下げることになります。

ギスギスした受験競争を一人で勝ち抜いてきた人ほど、人に冷たくする傾向があるようですが、助け合った方がうまくいくことを経験として知っている人は、自然と人に優しくなれます。

私にとっては、受験勉強以上に学びになった貴重な経験だと思っています。

「優しい人」として生きる時間が長い方がいい

最近では、長生きをするとか、健康になるためには「我慢」をするのが当たり前と考えられていますが、私はそうした考え方も、人に優しくなれない原因だと思っています。

自分にムリをして我慢の生活を続けるよりも、気分が良くなるような生き方をした方が、がんにならずに長生きができるかもしれません。

結果的に長生きできなかったとしても、いい人とか、優しい人として過ごす時間が長い方が、人間にとっては幸せなことなのではないでしょうか？

私は高齢者専門の精神科医をしていますが、人に優しくしていないと、最後にそのツケが回ってくるのだな……と思える光景を何度も目にしています。

昔は大臣だったとか、社長だったという人でも、見舞い客がたくさん来る人と、まったく来ない人がいます。

社会的地位やお金のあるなしが関係ない状態になったとき、その人の人間的な魅力がリアルに問われることになります。

高齢者の枕元で、見舞いに来た人が容態を心配するのではなく、遺産相続の相談をしているのは、何とも侘《わび》しいものです。

昔からの言い伝えに、興味深い話があります。

人間は生まれた瞬間は、本人が泣いて、周囲の人が笑っているが、幸せな人の最後は、本人が笑って、周囲の人が泣いている……というのです。

幸せな人とは、人に優しくしてきた人なのではないかと思っています。

寂しさには、相手の気持ちを優しくする効果がある

人は誰でも、心や気持ちが満たされていないと、人に優しくすることはできないものです。

マスコミが芸能人の不倫を叩いているのを見て、一緒になってバッシングをしているのは、やはり気持ちが満たされていない人たちです。

「不倫はダメ」という正論を振りかざすことで、寂しい自分を慰めようとしても、それで自分が満たされることは永遠にありません。

自分を慰めるどころか、気がつけばムダな行動をしている自分を発見して自己嫌悪に陥ることになり、不機嫌な状態が延々と続くことになります。

自分が満たされていないと感じるならば、他人を攻撃して憂さ晴らしをするのではなく、**意識して人に優しく接するように心がける**ことが大切です。

「情けは人の為ならず」という言葉の意味を思い出して、日ごろの言動を客観的に見つめ直すことが、自分の心を満たすことにつながります。

優しさには、**相手の気持ちを優しくする効果**もあります。

親が認知症になって介護をしている人に対して、私たち精神科医は、「叱るよりも、優しくしてあげた方がトラブルは少ないですよ」とアドバイスしています。

どんなに怒りっぽくなったとしても、優しい言葉をかけてあげると、少なからず穏やかな気持ちになってくれます。

人に優しくすることは、自分のためだけではなく、相手のためでもあるのです。

ムリな我慢をせずに、人に優しく、自分にも優しく、を心がければ、自分の気持ちが満たされて、もっと人に優しくすることができます。

日常的に周囲の人たちと優しさのキャッチボールをしていけば、毎日を前向きな気持ちで過ごすことができます。

そうした繰り返しが、自分の人生を楽しいものにしてくれるのです。

第4章のまとめ

◎自分を大切にする
◎ムダな我慢をしない
◎上手にガス抜きをする方法を見つける
◎「カッコ悪いことはしない」と決める
◎「助け合った方がうまくいく」と考える
◎道徳の「道」だけでなく「徳」も意識する

第5章

自分の周りに
いいことが起こる
行動習慣

ムリな我慢を手放して「自己肯定感」を高める

ここまでは、優しい人はどんな人で、なぜ人に優しくできるのか……についてお伝えしてきましたが、この最終章では、明日から優しい人になるための「習慣」にスポットを当てます。

優しい人に共通する特徴は、日常の中にあるムリな我慢を手放して、自己効力感や自己肯定感を高めるための習慣を持っていることです。

優しい人は、自分にムリな我慢をせず、日常的に自分に優しくしているから、気持ちに余裕が生まれて、周囲の人にも優しくできるのです。

この章では、人に優しくなるための習慣を「生活習慣」編と「考え方」編の二つに分けて、それぞれの特徴を詳しくお伝えします。

ここで紹介する14の習慣には、実践するのが難しいものは一つもありません。毎日の生活の中で、ほんの少し気をつけたり、意識を向けるだけのことです。言われてみれば、当たり前のことと思うかもしれませんが、当たり前のことが意外とできていないから、人に冷たい態度を取ってしまうのです。

【習慣①】寝不足にならない

寝不足というのは、人間の感情に大きな影響を与えます。

睡眠不足を避けることは、優しい人になるためにも、大事な役割を果たしていると考える必要があります。

私は機嫌よく毎日を過ごすために、一日1時間の昼寝を日課にしていますが、それを妨げられると、ものすごく不機嫌になります。

昼寝中に電話がかかってくると、自分では普通に対応しているつもりでも、いかにも腹が立っているといった感じで、ものすごく「ぶっきらぼう」な声を出しているようです。


十分な睡眠を取ることは、心身の健康を保つためにも大切ですが、意外に軽視しがちな生活習慣の代表格です。

よく寝ることは、人に優しくなるための第一歩と考える必要があります。

【習慣②】自分の「大好物」を食べる

自分が「これをしていれば幸せ」と思えるようなものを持っておくと、気持ちが開放されて、人に優しくすることができます。

私でいえば、美味いものを食べたり、旨いワインを飲んだり、新しいクルマに乗り換えたりすると、幸せを感じることができます。

それだけのことでいい気分になれるのだから、人間というのは、意外に単純な生き物だということがよくわかります。

都内の高級住宅街に住んでいた頃の話ですが、立派な身なりをした恰幅のいい初老のビジネスマンが、コンビニで買ったソフトクリームを頬張りながら、至福の表情を浮かべて歩いているのを何度も目撃したことがあります。

最初の頃は、「こんなところで、いい大人が恥ずかしくないのだろうか？」と少し白い目で見ていたのですが、ある日、「この紳士にとっては、これが最高に幸せな瞬間なんだな」と気づいてからは、微笑ましい気持ちでその光景を眺めるようになりました。

私の勝手な想像ですが、その男性は糖尿病か何かの問題があって、奥さんから甘いものを禁じられていたのかもしれません。

高級住宅街に住んでいるくらいですから、家の冷蔵庫には高価なアイスクリームだってあるはずですが、何らかの事情でそれが食べられないから、コンビニのアイスで満足していたのだと思います。

隠れ食いがいいとは思いませんが、初老の紳士の満足そうな表情を見ていたら、自分の好きなものを食べると、人はあれほど幸せそうな表情になるのだなと、改めて感じました。

自分の大好物を食べて、**いい気分で家に帰るのですから、あの紳士は家族に優しくできる人**なのだろうと思います。

【習慣③】ささやかな「幸せ」を楽しむ

最近は、長生きや健康のために、塩分を控えて不味い食事をしたり、酒やタバコを控えるという風潮がありますが、私は自分の欲望をそこまで抑えても、期待してるほどの成果は得られないと思っています。

塩分を気にして美味くもない食事を続けていたら、徐々に食欲がなくなります。

タバコを吸って気分がいい人と、禁煙してイライラしている人を比べたら、タバコを楽しんでいる人の方が免疫力が高まって長生きすることだってあります。

イライラしている人よりも、自分が食べたいものを食べて、飲みたいものを飲んでいる人の方が、人に優しくできると考えています。

塩分や酒、タバコなどは、必要以上に我慢しても、ストレスが蓄積するだけです。大事なのは、継続的に過剰に摂取しないことです。

完全にそれらを手放しても、長生きや健康を１００％保証するような医者は、この世に存在しないのです。

極端に考えるのではなく、ささやかな「幸せ」と思って、適度に楽しむことができれば、人にも優しく接することができます。

【習慣④】「カッコ悪い」と思うことはやらない

優しい人であるためには、その対局にあるような態度を日常的に取らないことも大切です。

私が考える優しさと正反対の言動には、次のようなものがあります。

①人に対して威張る
②侮蔑的な態度を取る
③相手に冷たくする
④相手を見下す
⑤批判的な態度を取る
⑥小馬鹿にする

こうした言動は、誰が見ても「カッコ悪い」態度であり、「見苦しい」態度ですから、十分に注意することが大切です。

相手に対して、こんな態度を取っていると、相手の人だけでなく、その周囲の人たちも敵に回すことになります。

小中学生のいじめ問題と同じように、その瞬間だけは鬱憤《うっぷん》を晴らすことができるかもしれませんが、後になって必ず自己嫌悪に陥ります。

優しい人になるよりも先に、自分が嫌な人になっていないか……を考えてみる必要があります。

Part02

優しい人になるために「考え方」を変える

【習慣⑤】物ごとを「勝ち負け」で判断しない

世の中には、どんなことでも「勝ち負け」で考える人がたくさんいます。

何かを議論していて、相手の意見を完膚なきまでに叩き潰したら勝ち、相手の意見に一理あると認めたら負けなど、物ごとを勝ち負けで判断してしまうのです。

こうした考え方を、私は「勝ち負け思考」と呼んでいます。

相手の意見を論破したところで、相手が自分の言った通りに意見を変えることなど、ほとんどありません。

意見を変えないだけでなく、論破されたことに腹を立てて余計に意固地になり、人間関係が悪化することもあります。

人に優しくできる人は、相手を論破することを目指さず、一理あると感じたら、素直に「そういう考え方もありだね」と認めて、強引に自分の意見を押し通すようなことはしないものです。

視野を広く持って、「いろいろな可能性がある」と考えることができれば、思考の幅が広がることによって、人に優しく接することができます。

勝ち負け思考を手放せば、自分の視野が広がるだけでなく、良好な人間関係を築くことができます。

【習慣⑥】自分を「認めてくれる」人を探す

人に優しくするためには、自己肯定感を高めることが大切ですが、そのためには、自分のことを認めてくれるタイプの人を友達に持つことが有効です。

自分のことをきちんと理解してくれて、「あなたの、そういうところがいいよね」と褒めてくれる人が近くにいれば、おおらかな気持ちで人と接することができます。

会社の上司でも、部下を認めて褒められる人の部下は、いい気持ちで仕事と向き合えるため、いい結果を出す確率が高くなります。

会社の上司は選べませんが、友達や恋人であれば、自分で探すことができます。

日常的に自分を褒めてくれる人と接していれば、人に優しくなれるだけでなく、人生が楽しくなります。

「特技」＝自分の「取り柄」を見つける

どんな小さなことでもいいから、自分の「取り柄」を持つことができれば、自己愛が高まって、気持ちに余裕が生まれます。

誰にも負けないとか、胸を張れるような取り柄というのは、誰もが持てるものではありませんが、探せば何かあるものです。

仕事や勉強、スポーツとなるとハードルが高くなりますが、「料理の腕がいい」、「髪がきれい」、「字が上手い」、「ダジャレのセンスがいい」など、何か一つでも自分の「いい面」を見つけ出せれば、自分に自信を持つことができます。

どうしても見つからなければ、これから新たな取り柄を作ればいいのです。

その歩みが、自分の人生を楽しくしてくれます。

「自分の取り柄を持つ」という意識が、気持ちを前向きにしてくれて、人にも優しく接することができます。

【習慣⑧】目の前の相手をきちんと褒める

自分を認めてもらうだけでなく、周囲の人たちをよく観察して、相手のいい面を褒めることも、優しい人になるためには大切なことです。

ポジティブな視線で相手を見て、その思いを自分の言葉で相手に伝えれば、相手の気持ちも前向きになって、良好な関係が生まれます。

大事なポイントは、ウソをつかないことです。

相手のネガティブな面を、無理やりポジティブに変換して伝えても、お世辞やヨイショと思われて反感を買うだけで、何もいいことはありません。

相手が言われて喜ぶような「魅力」を探して、そこに着目することが、相手に優しさを伝えることになります。

【習慣⑨】お互いに「認め合う」という意識を持つ

優しい人は、自分が認めてもらいたいと思う気持ちと同じくらい、相手を認めることを大事にしています。

お互いの「いい面」を認め合うことが、優しさを交換することにつながります。

それは、単なるヨイショ合戦ではなく、お互いが相手の本質と向き合うことを意味しています。

現在、SNS上では足の引っ張り合いとか、叩き合いばかりが繰り返されていますが、相互に認め合う気持ちが持てるようになれば、少しは世の中全体が優しい方向に向かうように思います。

【習慣⑩】自分の「いい面」を自分で探す

自分を否定的に見て、「ダメ人間だな」と考えても、いいことは何もありません。

周囲の人が褒めてくれないのであれば、自分で自分のいい面を見つけ出して、自分で褒める……ということでも、自己肯定感を高めることができます。

私は親御さん向けの教育書でも、「子供に自分は頭が悪いと思わせてはいけない」と書いていますが、自分のことをネガティブに考えてしまうと、前向きな気持ちが持てなくなって、すべてを悪い方向に考えてしまいます。

自分だけでも、自分を褒めてあげることができれば、それは自己満足ではなく、自己愛につながるのです。

【習慣⑪】自分が「満たされる」ものを探す

自分が「幸せ」を感じられるようなものがあれば、心が満たされて、自然と人に優しくすることができます。

何か趣味を持つことができれば、それに没頭している時間だけは、嫌なことを忘れ自分には何も没頭できるのものがないと思うならば、難しく考える必要はなく、パフェの食べ歩きでも、ラーメン店めぐりでもいいと思います。

人から「おたく」と思われても、そんなことを気にする必要はありません。

大事なのは、自分の心が満たされるものを持って、気分転換を図ることです。

気持ちが変われば、人と前向きに接することができます。

【習慣⑫】勝てる「土俵」を探して勝つ

自己愛を高めて、人に優しくなるためには、「自分が人に勝てる土俵を探して勝つ」ということも大事な要素になります。

自分の得意な分野があれば、それに越したことはありませんが、誰にでも人に負けないものがあるとは限りません。

駅に向かう途中で最低でも3人の人を抜くとか、ランチタイムは誰よりも早く食べ終わるなど、どんな小さなことでもいいから、**「勝つ」という体験を通して、前向きな気持ちを手に入れる**ことができます。

大事なポイントは、「勝ち負け思考」で人と争うのではなく、自分だけの「土俵」を設定して、自分の気持ちの中だけで成功体験を味わうということです。

ささやかな成功体験であっても、それが自信につながることで、優しい気持ちを持つことができます。

【習慣⑬】「同情」ではなく「共感」を示す

「共感」については第3章で詳しくお伝えしましたが、共感と似た言葉に「同情」があります。

同情と共感には大きな違いがありますが、意外と多くの人が、この二つを混同しているように思います。

人に優しくあるためには、相手に共感することが大事であり、同情するだけでは、相……と知っておくことが大切です。

前述の通り、共感とは、相手と気持ちがシンクロすることを指します。友達が好きな人と結婚できたとか、職場の同期が昇進したことを一緒になって喜ぶのが共感です。

それに対して、同情というのは、相手を客観的に眺めて、どちらかといえば、上から目線の感情のことをいいます。

「あんなに偉い立場にいたのに、こんなに落ちぶれちゃって、かわいそうに」というような、不幸な人を憐《あわ》れむ気持ちを指します。

すごく羽ぶりが良かった親友が会社を倒産させてしまって、「最後にお前に会ってから、夜逃げをしようと思うんだ」と尋ねてきたとします。

憔悴《しょうすい》した親友に対して、「大変だったね。可哀想に……」と憐憫《れんびん》の情を伝えるのが同情です。

共感というのは、同情だけにとどまらず、相手の立場に立って、「何か自分に求められていることはないか?」と心理ニーズを想像し、具体的なアクションを起こすまでを含めての感情です。

このケースでいえば、次のようなステップで相手の心理ニーズをイメージできるのが、本当の優しさであり、共感といえます。

①俺に会いに来たのは、本当に会いたいだけなのか?

↓

②もしかすると、夜逃げもできないほど、カネに困っているのか?

↓

③カミさんに財布のヒモを握られているから、今は3万円しかないな

↓

④俺に今できることは、この3万円を渡すことくらいだな……

30年ほど前に大ヒットしたＴＶドラマ『家なき子』の有名なセリフに、「同情するならカネをくれ！」というのがありますが、言葉には出さなくても、このときの親友の心境は、まさにこのセリフの通りだったと思います。

その気持ちに応えることができれば、それに越したことはありませんが、相手の心理ニーズを想像することが共感であり、優しさなのです。

困っていたり、落ち込んでいるときに、人から同情されると、余計に惨《みじ》めな気持ちになるものです。

軽々しく相手に同情するのは、優しさではないのです。


私は関西商人の血を引いており、祖母から毎日のように「頭を下げるのはタダ」と言われて育っています。

この場合の頭を下げるというのは、相手に対して詫《わ》びるとか、謝るということではなく、頭を低くすることで、相手に対して尊大な態度をしたり、上から目線の言動をしないということです。

日本には、人に会ったときには、「こんにちは」と挨拶をしながら頭を軽く下げる習慣がありますが、これは自分の急所である頭を相手の前に下げることによって、相手に敵意がないことを示しているといいます。

こちらから先に頭を下げることに対して、抵抗を感じる人もいると思いますが、私はそれくらいのことで相手の気分が良くなるのであれば、「それはそれでいいかな」と思っています。

医者だからといって、患者さんに偉そうな態度を取っても、相手を萎縮させるだけで、逆に治療の妨げになります。

私は患者さんが診察室に入ってきたら、「こんにちは。和田と申します」と言って軽く頭を下げ、微笑むようにしています。

から、祖母の言葉はそれを称して「タダ」と言っているのです。

人に対して偉そうな態度を取るのではなく、こちらから頭を下げるくらいの気持ちで人と接する方が、相手は心を開いてくれます。

ほんの少しの心遣いが、優しさのキャッチボールの入り口になるのです。

第5章のまとめ

優しい人になるために「生活を変える」

◎寝不足にならない
◎自分の「大好物」を食べる
◎ささやかな「幸せ」を楽しむ
◎「カッコ悪い」と思うことはやらない

優しい人になるために「考え方を変える」

◎物ごとを「勝ち負け」で判断しない
◎自分を「認めてくれる」人を探す
◎自分の「取り柄」を見つける
◎目の前の相手をきちんと褒める
◎お互いに「認め合う」という意識を持つ

◎自分の「いい面」を自分で探す
◎自分が「満たされる」ものを探す
◎勝てる「土俵」を探して勝つ
◎「同情」ではなく「共感」を示す
◎頭を下げるのは「タダ」と考えてみる

おわりに

ムダな我慢をせず、自分の欲望に忠実に生きる

自分の欲望に忠実に生きた方が、人は優しくなれます。

ムリな我慢をせず、適度にワガママな生活をして、自分の毎日を楽しむことができれば、人にも優しくなれます。

自分を愛することができるから、人を愛することもできるのです。

自分のことを愛さずに、世俗的なルールに縛られていると、我慢の生活が続くことになります。

我慢の生活が続くと、人に興味が持てなくなるだけでなく、周囲の人にも我慢を求める気持ちが芽生えます。

周囲の人が我慢をせず、楽しそうにしている人を目にすると、ストレスが蓄積して、イライラする気持ちが生まれます。

多くの人がイライラして、人が人に優しくできない状況を、それぞれが勝手に作り出している……というのが、現在の日本の状況だと思います。

「あれをしたら、自分が楽しくなる」とか、「これをしたら、あの人が喜んでくれる」と考えるのではなく、「あれはダメ」と自分を縛り、「これはダメ」と人を縛っていたのでは、息苦しい毎日が続くだけです。

あなたが、「毎日が楽しくない」と感じていたり、「何も面白いことがない」と思っているならば、自分自身がそうした状況を作り出していることに、早く気づくことが重要です。

優しい人は、なぜ人生がうまくいくのか？

人に優しくすることは、相手のためだけでなく、自分のためでもあります。
相手を喜ばせれば、自分の気持ちも良くなります。
自分の気持ちが良くなれば、相手も喜んでくれて、気持ちが良くなります。
そうしたことの積み重ねが、毎日を楽しくしてくれるのです。

人に優しくするというのは、自分に優しくするということです。

それは、相手の人生を楽しくするためであり、自分の人生を楽しくするためでもあります。

「情けは人の為ならず」という言葉の本質は、みんなの人生が楽しくなるということにあるのです。

本書の中で「利己」と「利他」は対立する概念ではないとお伝えしましたが、利己と利他という考え方は、お互いがお互いを補い合うことによって、それぞれが成り立っています。

その関係は、ニワトリとタマゴの関係に似ているかもしれません。

どちらが先かを真剣に議論しても、そこから得られるものは何もなく、考えること自体が意味のないものだ……と教えてくれるだけです。

大事なのは、どちらが先かを議論することではなく、どうすれば立派なタマゴが生まれて、どのようにすれば立派なタマゴを産んでくれるニワトリを育てることができるのか……を考えることにあります。

精神科医として、私が本書で伝えたかったのは、次のようなシミュレーションを頭と心の片隅に置いていただくことです。

①ムダな我慢をせず、欲望に忠実に生きる

↓
②心に余裕が生まれて、周囲の人に目が向く
↓
③相手の状況を見て、何を求めているかを想像する
↓
④相手の立場に立って、自分のできることをする
↓
⑤相手が喜んでくれれば、自分の気持ちが良くなる
↓
⑥相手も気持ちが良くなって、自分に優しくしてくれる
↓
⑦お互いがいい気持ちで、毎日を過ごすことができる
↓
⑧物ごとに前向きに取り組むことができる

⑨人生がうまくいく

人間というのは、嫌なことや我慢の生活が続くと、僻《ひが》みっぽくなったり、世の中を恨み出したりしますが、いい気分で毎日を過ごすことができれば、ポジティブな気持ちを手に入れることができます。
その原動力となるのが「優しさ」なのです。

自分に優しくなれば、人にも優しくなれます。
自分の気持ちが良くなれば、相手の気持ちも良くなります。
お互いの気持ちが良くなれば、好循環が生まれて、人生がうまくいきます。

本書が、多くの方が前向きな人生を送るための一助となることを願っています。

カバーデザイン
金澤浩二

本文デザイン・DTP
鳥越浩太郎

カバー・本文イラスト
加藤宗一郎

編集協力
関口雅之

［著者略歴］

和田秀樹（わだ・ひでき）

1960年大阪府生まれ。1985年東京大学医学部卒業。東京大学医学部附属病院精神神経科助手、アメリカ・カール・メニンガー精神医学学校国際フェローを経て、現在は精神科医。和田秀樹こころと体のクリニック院長。立命館大学生命科学部特任教授。一橋大学非常勤講師、東京医科歯科大学非常勤講師。川崎幸病院精神科顧問。
著書に『感情的にならない本』『不安に負けない気持ちの整理術 ハンディ版』『70歳が老化の分かれ道』『80歳の壁』『なぜか人生がうまくいく「明るい人」の科学』など多数。

なぜか人生《じんせい》がうまくいく
「優《やさ》しい人《ひと》」の科学《かがく》

2024年2月11日　初版発行
2024年9月18日　第5刷発行

著　者　和田秀樹

発行者　小早川幸一郎

発　行　株式会社クロスメディア・パブリッシング
〒151-0051 東京都渋谷区千駄ヶ谷4-20-3 東栄神宮外苑ビル
https://www.cm-publishing.co.jp
◎本の内容に関するお問い合わせ先：TEL（03）5413-3140／FAX（03）5413-3141

発　売　株式会社インプレス
〒101-0051 東京都千代田区神田神保町一丁目105番地
◎乱丁本・落丁本などのお問い合わせ先：FAX（03）6837-5023
service@impress.co.jp
※古書店で購入されたものについてはお取り替えできません

印刷・製本　中央精版印刷株式会社

ISBN978-4-295-40932-8　C2034